U0522196

可复制的成交术

卢战卡 著

中国友谊出版公司

目录

1 客户拜访：如何让陌生人变成新客户 001

初次见面的客户，如何要到他的联系方式 002
如何邀请不熟悉的客户出来吃饭，甚至让他主动赴约 006
如何约客户才能顺利拜访 010
为了面谈，我们应该准备些什么 014
拜访陌生客户，如何把对方公司前台发展成"内线" 019
拜访客户需要注意哪些细节，才能促进签单 023
拜访大客户，总觉得自己低人一等，心理紧张怎么办 029
拜访客户除了介绍产品，怎么找话题更有利于成交 035
拜访客户，收尾时做好这三步，助你轻松签单 039

2 直达顾客需求，把话说到顾客心坎儿里　　045

如何挖掘顾客的真实需求　　046
不同人生阶段的需求大不同，销售若不懂，就是白忙活　　051
顾客说"暂时不需要，有需要再联系"，如何让其无法拒绝　　056
顾客说"下次搞活动我再买"，运用这三招，促其现场签单　　060
顾客说"我等一等再买吧"，如何重新达成交易　　066
当顾客说"我想再问问×××"时，如何让其快速做决定　　070
怎么解决客户"没兴趣"？用好这四招，让客户主动找你　　078

3 化解顾客抗拒，挽回成交　　083

顾客说"我再考虑考虑"，如何发现机会挽回成交　　084
顾客说"我过两天再买吧"，如何让其回心转意　　088
顾客说"我想再转转"，如何轻松挽留顾客　　093
顾客说"我随便看看"，如何回应才能促进成交　　097
顾客说"这不适合我"，该如何回应才能让其埋单　　102
客户对现有产品不太满意，如何让其接受　　107
客户拖欠尾款怎么办　　111

7 新兴业态激活销售新技巧　　231

顾客说"网上比你们店的更便宜",怎么回应才能成交　232
如何让顾客能在店里多待一会儿,以提高消费率　237
餐饮店如何提高翻台率,又不会让顾客反感　241
顾客试了很多商品,如何让其不因为选择恐惧症而跑单　245
如何选品,才能避免囤货卖不出去的风险　248
电话销售如何一开场就抓住注意力　252
如何让顾客顺利地办会员卡　258

8 售后才是销售的开始　　265

顾客说"你们的产品没用",如何应对才能挽回成交　266
顾客说"我要退货",如何解决退货纠纷　271
遇到客户投诉,如何让"黑粉"轻松变"铁粉"　275

4 心理引导，跳出价格战的无效陷阱 119

给顾客报完价之后，他就不回话了，该怎么办 120
顾客想以之前的优惠价购买，如何回应才是正确的 126
顾客说"手头紧"，该怎么应对才能让他下定决心购买 129
顾客说"你家东西太贵了"，如何让顾客觉得物超所值 135
顾客问"最低多少钱"，如何回应能让他感觉超值 140
顾客说"我怕买亏了"，如何让他打消顾虑，快速签单 143
顾客不断砍价，如何不让步还能成交 147
顾客说"你便宜点我就买"，如何让步才能实现双赢 151
顾客说"别人家的便宜"，如何有效回应 156
顾客说"为什么别人打折你不打折"，如何说服他原价购买 160
顾客说"便宜无好货"，如何打消他的疑虑 164
顾客说"经常来这儿买，便宜点"，如何回应才能留住老顾客并顺利成交 168
三招限制法，让顾客立马签单 172

5 重塑产品价值，深度体验让顾客"路转粉" 177

顾客担心购买之后没效果，如何回应才能打消对方的疑虑 178

顾客问"如何让我相信你的产品有效果保障"时，
该怎么说服对方　　　　　　　　　　　　　　182

顾客说"没听过你这牌子"，如何让其"路转粉"　186

顾客怀疑特价产品有质量问题，如何打消对方疑虑　190

顾客说"买这个是不是太奢侈了"，如何重塑购买理由，
拿下订单　　　　　　　　　　　　　　　　　194

6　销售就是要做渠道　　　　　　　　199

线下实体店如何实现低成本获客，快速增加客流量　200

顾客进店之后，如何跟他们打招呼　　　　　　205

顾客进店，为什么要先推荐最贵的给对方　　　208

开门店要注意五种情况，否则顾客不愿意进店　211

顾客嫌你们店里款式太少，如何回应才能挽留对方并成交　214

顾客说"这两个都不错，我该选哪个"，如何给建议才能
让其满意　　　　　　　　　　　　　　　　　217

顾客说"不要赠品，给我便宜点"，如何回应才能顺利
成交　　　　　　　　　　　　　　　　　　　220

顾客进店后，如何引导其试用体验以促进成交　223

路人很多但进店的很少，如何吸引人们进店消费　226

1 客户拜访：如何让陌生人变成新客户

初次见面的客户，如何要到他的联系方式

初次见面，如何轻松要到客户的联系方式呢？我送你四招。

在说这四招之前，我们首先要了解一下，为什么客户往往不喜欢留联系方式。

这大概有两种原因：第一种原因，是怕别人经常去骚扰他；另外一种原因，是怕留下联系方式之后，造成个人信息泄露，没有安全感。

我们要针对这两种情况，研究一些方法，让他更愿意留下联系方式，具体可以通过如下四个方法（见图1-1）。

图1-1　轻松要到客户联系方式的四个方法

第一个方法：干货吸引法。

我们可以针对客户的需求设置一些相应的"干货"，激发客户的好奇心或需求欲，让他们主动来找我们。

比如我们的业务是修轮胎和卖轮胎，我们可以根据客户轮胎的情况，跟他说："您这个轮胎现在已经有些小裂缝了，这会影响行车安全，不过我这儿倒是有一些保养轮胎的方法，以及我们用车的一些技巧，你加我一下，我把这些资料打包发给你。"

这样，就轻松得到了客户的联系方式。

无论我们做哪个行业，都有我们懂而客户不懂、我们会而客户不会的地方，这就是认知鸿沟。我们站在认知高地，而客户是在认知洼地，我们可以准备一些他们不懂，但他们需要的"干货"，作为免费的资料，如果他想要，就会留下他们的联系方式了。

有些时候，我们也可以将纸质的资料邮寄给客户。邮寄，自然要联系方式，这也是一种留联系方式的方法。

第二个方法：承诺索取法。

我们可以跟客户讲条件要承诺。比如，可以这么说："先生，我如果找经理申请优惠价格的话，必须提供您的真实的电话号码。我一会儿上去找经理，经理的助理会给您的电话号码发一条短信进行确认，如果收不到您的确认信息，他是断然不会同意的。"

这样跟客户讲条件，是一种更容易索取到他们联系方式的方法。

第三个方法：利益吸引法。

我们可以准备一些小赠品、小礼品，或者利用一些优惠券、抽奖的机会来诱惑客户，用利益驱动他们留下联系方式或者扫描二维码。

有些卖水果的，为了能够经常触达自己的客户，会在客户临走的时候，送他一个小包装。当客户已经拿着小包装了，他会跟客户说，请扫一下这个码，扫码后这个包装盒的礼品就可以拿走了。这时，客户已经把礼品拿到手了，他觉得这已经是自己的了，肯定不愿意退回去，不愿意怎么办？就会乖乖地扫码。

有些餐厅也经常这样，在顾客要离开餐厅的时候，在门口送一个小礼物，客户都已经拿着了，他再来要求扫描二维码，"扫一下，关注一下就好"，这个时候，客户习惯性地就会关注他，这样的话，他以后就可以将营销信息经常触达这个客户。

第四个方法：从众效应法。

我们如果让客户给我们留下联系方式，表示可以领什么样的东西，或者是可以传递未来的活动资讯，或者是可以得到一个预留名额等。我们给他一个本子，不过本子上面没有其他人留过联系方式，或者只有两三个人留过联系方式，差不多算是一个空白的本子。这时，客户一看，这本子最多就两三个人，他就可能害怕，就没有安全感。

所以，我们要想办法拿一些有很多人信息的本子，看到有很多人，客户基本上都会往上填。所以，我们可以把一些老客户信息也往上填一填，带动一下新客户。拿着这个本子，新客户前后一页一页翻看，会非常有安全感，会毫不犹豫地写上自己的联系方式。

希望以上四个方法，可以让大家轻松地要到客户的联系方式，以便日后更好地针对他们做营销推荐。

如何邀请不熟悉的客户出来吃饭,甚至让他主动赴约

怎么在不熟悉的情况下,顺利约到客户一起出来吃饭呢?这似乎是个难题。针对这一难题,送你三条建议。

第一条建议:增加客户的信赖感。

在我们第一次与客户接触的过程中,尤其是线下面对面的接触中,一定要给客户留下一个超级靠谱、良好的第一印象,以增强他们对我们的信赖感。

只有客户觉得我们挺靠谱,甚至喜欢我们这个人,后期才有约他们再次见面的可能。如果客户对我们的印象不深刻,甚至是之前没有线下见过面,我们一下子就约他出来吃饭,并且是在有求于他,而他从我们身上无所得的情况下,那他为什么

要出来呢？事实上，在这种情况下，他只要出来，就证明他的可利用价值肯定很低。

饭局本身就是一个交流感情、交换价值，并且明确双方未来目标和所得的场所。其实就是每个人通过这样的方式交流感情、明确未来能够在哪方面得到更多的价值。

所以，我们不能随意地请别人吃饭。因为，这样会很难请出我们真正需要的人。比如我们请基层人员，他们可能没怎么出席过这种场合，并且他觉得跟我们交往后，未来可能会得到更多的资源，能够得到更多的价值反哺，他就更容易出来。但是大部分情况，在我们没有建立良好信赖感的情况下，那些中高层，那些代表着资源和能力价值更高的人，往往很难赴约。

第二条建议：中间人邀约。

我们要找到和客户地位相符、比较对等的中间人替我们去邀约。

比如，找到自己公司的中高层，或者找到行业里和我们比较熟络的老前辈，让他们替我们邀约中高层的客户。这样，同样的中高层坐在一起时，因为他们年龄相仿并且情趣相投，话题各方面都比较容易一致，会很聊得开。而不是客户坐到饭桌之后，不知道跟我们聊什么。邀请中间人会有效地化解这些尴尬。

所以，当我们很难请动客户的时候，可以找一个跟他地位比较对等的中间人来帮忙。

第三条建议：让客户觉得我们有能耐。

第三条建议是最关键的，建议我们一定要去"剧透"，或者是影射，让客户感觉到我们能够赋能于他，比如资源、人脉、渠道、资本或能力价值等，不管是事业上的，还是生活上的问题，我们都能够帮他解决。

通过别人之口也好，通过自己和客户第一次交往沟通也好，要想办法让客户觉得我们不仅是一个挺有能耐的人，还是一个有渠道、有资源的人。

于是，我们和客户第二次邀约的时候，可以和对方说："张总啊，今天晚上有空吗？如果有空的话，我刚好约上了您的老乡，就是在咱本地做企业做到上市公司的那位，还约上了一个咱们本地的领导，这个领导刚好是主抓咱们行业的在职领导，有空的话大家一起坐坐。"

当我们提到这些人物的时候，就代表了我们背后有一定的资源，客户会觉得有这么多人在场，证明我们确实有实力、有背景。

我们还可以帮助客户解决很难解决的私人问题、生活问题，比如他家里亲朋生病的问题。当听说他家里老人有糖尿病时，可以说："糖尿病？刚好我原来在医学系读过研究生，有认识的学长在这方面挺有资源的，我给你介绍一个行业内的专家，回头可以给你出点方案。"

当我们能够提出这些话题的时候，往往能够让客户觉得我们有能耐、有资源，在未来和我们深度交朋友挺有价值，这样他就更愿意赴约来饭局了。

以上就是和大家所提到的三条建议。总之一句话，我们要让客户找到他赴约的动力，他才有可能赴约。

如何约客户才能顺利拜访

想拜访客户却不知道怎么邀约,怎么办?送你四招(见图1-2),让你轻松约到客户并顺利成交。

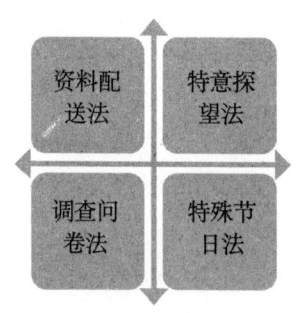

图 1-2 邀约客户的四个方法

第一招:资料配送法。

我们可以站在客户的角度想一想,他可能对哪些资料、哪些数据、哪些资讯感兴趣,针对他的这些兴趣,我们可以提前做一些这方面的数据收集和整理工作,把它打包成有价值的资讯,然后向他电话邀约。

"张总啊,很长时间没见面了,我前段时间参加了一个官方部门组织的高峰论坛,拿到了一份关于咱们行业发展的最新报告,这是限量版的,同时我又通过大数据公司的朋友,给我提供了一些关于咱们行业转型的相关数据分析。您方便的话,我抽个时间去您公司当面拜访您,把这些资料给您留一份,也给您当面做一些分析。"

这样说完之后,客户肯定感兴趣,他还要感谢你。

这样就约到客户了,这就是资料配送法。

第二招:特意探望法。

我们针对客户真正关心的问题,给他们传递一种"我是专门过来拜访"的感觉,这样的话,更容易让客户欢迎你。

比如,给对方打电话:"张总,我听说咱们公司也是顺应时代的要求,也在做薪酬制度的改革,同时也在用双创模式,鼓励更多人创业。我前段时间刚好遇上了一个薪酬设计专家,并且我还接触了一个双创的专家,他们当时做论坛的时候给了我很多启发。我相信他们当时给我的这些启发,可能对咱们公司做这方面的改革也会有帮助。您看您什么时候有时间,我过去跟您聊聊。"

这样跟客户邀约,客户一般情况下都会感兴趣。如果我们能给客户表示，我们能介绍相应的专家或者资源给他，那客户就对我们更感兴趣了。

如果没有这样一种感觉，我们只是想专门约对方，那么，我们也要给对方一种专门拜访的感觉。比如说："张总，我现在在天津出差，在来之前我就规划，来这里必须得拜访您，所以今天我想登门拜访。"

第三招：特殊节日法。

所谓特殊节日法，就是我们可以在逢年过节，或者是在对客户非常重要的日子，登门拜访并祝贺以表心意。

比如说，在客户公司周年庆活动的时候、开业大典的时候、公司年会活动的时候、在客户生日的时候、在客户与伴侣结婚纪念日的时候、在客户小孩生日的时候，这些都是好机会，我们可以和客户提出再次约见或登门拜访。到时候我们可以带上一些伴手礼，以表心意。

第四招：调查问卷法。

我们要给客户传递一种我们回访他请他反馈，是为了不断地优化我们的产品和服务、给他提供更优质的延续性售后服务的感觉。这样，客户也往往会很容易对我们表示欢迎。

另外，我们直接给客户打电话邀约时，也可以用调查问卷法。比如，可以采访一下他，问一下他用我们产品的感受，以及他希望我们有哪些改进，还有没有其他方面的诉求等。

我们可以想办法把调查的内容登记下来。这样，我们每一次和客户的接触，其实都是在为下一次成交打基础。

希望本文介绍的四招，可以让我们在未来想要拜访客户的时候不再烦恼。本文介绍的任何一种方法，都可以让我们更轻松地约见客户，并且能够为以后的成交打好基础。

为了面谈，我们应该准备些什么

为什么说二百通电话销售都不如一次与客户见面效果好？为什么一定要面见客户呢？这里我们先分析一下其中的原因（见图1-3），再跟大家讲一讲为了面见客户，为了无往不利地实现成交，我们到底要提前准备些什么。

> 能够更容易发现客户的真实问题
>
> 能够更有效地影响客户
>
> 可进行全面的展示

图1-3　一定要面见客户的三点原因

为什么一定要面见客户？

第一个原因是,面见客户能够更容易发现客户的真实问题。

因为,打电话见不到本人,他的情绪到底有什么变化,他的微表情怎么样,他的身体语言也看不到。感受不到他有什么样的变化,就很难对症下药。

但如果和客户面对面地坐着,我们就能感受到他情绪的变化。他一个细微的表情变化,就能映射出他内心的一种波澜,证明他在某个问题上要么有些担心,要么更在意等。

知道这些情况,我们就能够对症下药,就能够搞定他,就能够成交。

第二个原因是,通过面见的方式,能够更有效地影响客户。

与客户面对面坐着,我们更能运用好自己的肢体语言,把自己的表情、语气声调、精神状态,以及整个环境综合运用起来,从而影响和感染客户。

第三个原因是,通过面见的方式,可进行全面的展示。

比如给客户展示我们的客户见证,给客户做产品演示,让客户看到我们的产品效果,等等。这些在电话里都解决不了,只有见面的时候才更容易解决。

所以,我们要在能面见的时候尽量与客户见面。

面见客户怎么提前准备呢?有四条建议(见图1-4)。

```
┌─────────────────────────────────┐
│  提前准备好自己的自信状态        │
└─────────────────────────────────┘

┌─────────────────────────────────┐
│  提前准备好展示方案              │
└─────────────────────────────────┘

┌─────────────────────────────────┐
│  提前准备好专业知识              │
└─────────────────────────────────┘

┌─────────────────────────────────┐
│  提前准备好客户见证              │
└─────────────────────────────────┘
```

图1-4 面见客户怎样提前准备的四条建议

第一条建议：提前准备好自己的自信状态。

我们到底有多相信我们是在帮助客户，到底有多相信我们的产品是超值的，到底有多相信我们针对客户的焦虑是有针对性的，是对症下药的，这些，我们都要提前做好心理建设，做到百分之百地相信自己是在帮助对方。这样，这种状态就使我们具备了天然的影响力。

第二条建议：提前准备好展示方案。

我们的产品到底应该怎么展示，需要我们提前进行有针对性地反复演练，直到熟能生巧，能够把它展示得够专业。像乔布斯展示自己的苹果电脑、手机一样，让所有人看完了之后都能发出尖叫。这就是我们提前要做的功课。

第三条建议：提前准备好专业知识。

我们可以提前准备四个方面的知识让自己显得足够专业：

准备产品知识，是指我们要对自己的产品特点、属性以及功能细节等方面有足够的了解，不能一问三不知。

准备市场知识，是指我们对整个行业、行情、趋势分析、竞争对手情况以及整个行业的地位占比等方面有足够的了解。

准备客户知识，是指我们要了解客户的消费心理、客户的消费诉求、客户的消费预算以及他的消费关系链等。

准备流程知识，是指我们要非常熟悉给客户演示的流程，非常清楚使用产品的第一阶段、第二阶段以及相关的售后流程等。只有这样，才能够显出自己的专业水平，越专业才越容易让客户相信（见图1-5）。

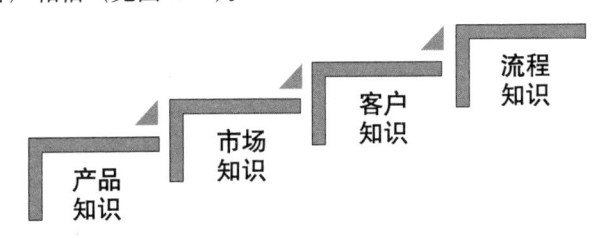

图1-5　销售人员显得专业的四方面知识

第四条建议：提前准备好客户见证。

我们需要提前准备好老客户用完我们的产品之后的改变，以及改变之后对我们的感激等方面的见证和证明。

我们需要提前准备一些与权威、官方的合作资料，以及相关官方部门给我们审批的相关证明。尤其是一些官方媒体评价为优质产品的报道，或者官方部门做出的对先进单位或先进产品的认证。

这些好的见证，我们都要提前准备。因为这些见证，往往让我们在面见客户的时候能更有效地说服他，让他无法反驳，从而实现成交。

拜访陌生客户，如何把对方公司前台发展成"内线"

在写字楼拜访陌生客户时，如何把要拜访公司的前台或保安变成我们的内线，以利于最终的销售谈判呢？

我们做销售，尤其是在做大客户销售的时候，如果能搞定客户的人，使他们成为我们的内线，他们就可以给我们透露很多公司的背景资料和人事信息。这样就非常有利于最终的销售谈判，从而拿下订单。

那么，如何去搞定呢？本文送给大家几条建议。

第一条建议：留下最好的第一印象。

拜访客户，初次与对方的前台见面的时候，我们要自报家门，并且需要淡定地给自己找台阶，想办法留下最好的第一印象。

比如第一次见前台,她刚出来接待的时候,我们可以表示一下自己的身份、来因,以及接下来没有太多时间和她聊,给自己找好台阶。比如这样说:"你好,我们是××公司的,我们是做哪方面的,受我们领导之托,这次过来要跟咱们公司的××部门经理坐一块儿聊一聊,但临时又遇到一些事,我们急着要走,所以这次就不跟部门经理去深聊了,我先把这些资料放到您这儿,您帮我转达一下,下回谢谢你。"

这就是我们想办法给自己找台阶,想办法让对方帮我们去转达一些我们公司的相应材料,甚至诉求,这是第一步。

第二条建议:创造更好的好感。

第一步我们留下了好的印象,也给自己找了台阶,并且也自报家门让她们知道了我们的来路。接下来的第二步,当我们再次跟前台见面的时候,我们得想办法给她创造更多的好感。

我们带过去一些小礼物,比如我们看到前台经常敲电脑,可以带过去一盆小盆栽,几块钱就可以搞定的事。

送过去的时候我们可以这样跟对方开场:"上回走得太急、太匆忙,也没来得及好好谢谢您,我上回看到您一直在敲电脑,这样,我送你一个绿宝石吧。它平常吸收二氧化碳的同时,还可以释放大量的氧气,可以增强防辐射的效果,对您的皮肤特别好,给你一盆养养吧。"

这样一来给前台送一个好处,前台一般情况下会觉得无功不受禄，说这个我不能要。这种情况下我们可以和她说："没事，几块钱的事，一点小心意。"

说完就可以把东西直接放在那里。这种情况下，我们满足了前台的心理需求，同时也为后期再见面埋下了伏笔，比如说，送完了花，这花到底该怎么浇呢，可以继续交流。

第三条建议：做好下一次见面的铺垫。

我们每次都要为下一次见面做好相应的铺垫。

比如说，我们下回又过来，和前台聊天的时候，可以说今天刚好路过这里，然后说这个花养得不错，这样就可以跟她聊一聊花的养护话题，甚至可以提一提养花的建议等。

有了新的话题，就可以跟对方进一步接触。

在前期，我们跟对方接触前一两次的时候，不要透露出太明显的销售目的，不要让他们觉得我们很有功利心。先处朋友，关系到位了，什么信息都能得到。

为处好关系，我们需要每次为之后的见面做好铺垫。比如这次临走的时候，我们可以说："咱们这栋大楼里一会儿还有一个客户在等我，我就不多聊了，咱们下回见面再说。"

给对方一种我们总能路过，总是要拜访很多客户的感觉，让人觉得我们挺有实力、挺受欢迎。这样，下回又见面的时候，就可以说我又过来拜访什么样的客户，经过你们单位，就过来和你打个招呼等，然后再聊一些轻松的话题。

第四条建议:与对方处好关系。

当关系熟了之后,我们需要进行第四步,那就是和对方处好关系并维护好关系,留下好的印象,甚至让对方觉得我们很有实力,公司业务还蛮受欢迎。

留下这些印象之后,再慢慢相处的时候,我们就可以去了解对方公司目前是什么样的情况,目前在市场上会有哪些方面的问题,是谁在负责,等等。

这样,我们就可以了解一些对方内部的情况。每次了解一点点,只要我们建立了一定的关系,慢慢地,就可以获得需要的信息。

拜访客户需要注意哪些细节,才能促进签单

拜访客户到底要注意哪些细节,才能更有利于最后的签单成交呢?本节送你七条建议。

第一条:时间上,提前预约、准时守约。

第一条是时间上的,我们要注意两点,一是要提前预约时间,二是要给客户准时守约的印象。

提前预约时间,就是我们要提前足够的时间跟客户打招呼,让客户进行合理的安排。千万不要以为跟客户关系很熟了,就直接过去。如果我们直接到客户楼下再打招呼,那客户有可能正在处理重要紧急的事务,我们就有些鲁莽了。这时,客户到底接不接待呢?不接待觉得怠慢了,不礼貌;接待的话,他们又要放下自己的要紧事。这会让对方觉得我们很鲁

莽，让人很难受。

所以，谁都不喜欢不速之客，我们千万不要在这方面犯客户的忌讳。

另外，我们一定要给客户留下准时守约的印象。若约的下午四点，我们就下午四点或提前三五分钟到。既不能到得太早，打乱客户的阵脚，也不能到得太晚，让别人等待，浪费对方的时间。

我们一定要给客户准时守约的印象，给他靠谱的印象。千万不要约了四点，到四点十分了才告诉客户说还在路上堵着，这样会让客户觉得我们不靠谱。

第二条：提前准备好拜访资料。

我们要和客户谈项目，与这个项目有关的资料，比如展示方案、公司手册、公司宣传片、展示PPT、报价方案、合同文本等要提前准备好，要确认有没有拷进电脑，带没带电脑。另外，有可能今天就能够步入成交阶段，成交相应的工具也需要准备，比如计算器、收款机、收据发票等。这些我们都要尽可能全面地想到并准备好，免得客户问时说"忘带了，等下回再说"，而等到下回，说不定我们就没有机会了。

这些准备资料还包括我们的客户见证。比如我们公司有哪些与客户比较相似的客户见证，着重梳理一下，这样我们拿着这些相似的见证去说服客户，他们更容易相信，因为他们是同一种类型、同一个立场的。如果他的同行能够通过我们的帮助获得改变，那么，他就会相信通过我们的帮助他也能实现改变。

第三条：了解客户背景。

我们越了解客户，就越能做到投其所好，越知道怎么打开话题，怎么延续话题。所以，我们要提前了解我们要面谈的、要拜访的人。了解该人在这个公司是什么职位，代表什么角色，有没有话语权，了解他的年龄、性别、家里有没有孩子，兴趣爱好是什么，等等。

对客户了解得越全面，打交道时对方就越容易对我们产生好感，只要对我们有好感，客户就会用更开放的心态来对待我们。客户具有了开放的心态，我们就更容易把商业方案推荐给他，并给他留下深刻的印象。

第四条：准备竞品分析方案。

我们千万不要光懂自己的产品，还要懂整个行业的行情，包括了解同行业竞争对手的情况，这样的话，可以有效应对客户的提问。

比如客户提到，有一家同行的价格比我们更低，或者哪家同行在实现我们的功能外还能够实现别的功能。如果客户提到了而我们竟然连听都没听过，就容易被客户牵着鼻子走，甚至掉进客户故意设置的陷阱里。

所以，我们对整个行业的行情以及竞争对手要有所了解，尤其要了解我们跟他们之间的区别在哪里，我们的优势在哪里，我们的差异化核心竞争力在哪里。这些越提前准备好，就越不怕客户提问，同时也便于在之后的交流中，主动给客户做一个整个行业的不同选择方案的分析。

第五条：准备第一印象。

我们第一次拜访客户，一定要给对方留下最好的第一印象。为什么呢？因为一个人没有机会第二次留下最好的第一印象。

客户第一次接触我们的时候，对我们的感觉、对我们的看法，往往决定了后期他对待我们的态度。所以，我们要提前整理一下自己的外在形象。

比如做个发型，着装打扮干净整洁，有职业范，同时谈吐也要有一定的专业性等。另外，我们所带的公文包、资料、外在的配饰、手表等，都是自己外在形象的一部分。

我们需要准备第一印象，通过第一印象快速建立信赖感和好感。

第六条：把握全局，照顾全局。

我们千万不要厚此薄彼，伤害到某些人的感受。比如我们可能在握手的时候忽略了一些人，没有和他们握手；打招呼的时候没有和一些人打招呼等。这些人看着不起眼，但是有可能会破坏我们未来合作的大局，有可能会给自己的领导吹耳旁风，从而影响我们的合作谈判。

所以，我们一定要照顾到所有人的感受，我们说话也要能够一箭"多"雕地照顾到所有人。比如在酒桌上，夸领导的时候，也一样要照顾到他们团队其他人的感受。可以这么说：

"张总,早听我们刘总说,您带队有方,今天和我们年轻的团队一接触才发现,确实是,整个团队都是虎狼之师,这正是有什么样的领导,就有什么样的团队,我太佩服您了。今天我也看到您走到哪一桌都是特别受欢迎,我也特别想向您求教,我们未来如何去更好地带出一支新型队伍,以把我们的合作项目搞得更好?"

我们说对方的时候,还能够兼顾着刘总夸对方,兼顾着对方的团队,这样就照顾到他们团队所有人的感受。

有些时候,我们还可以专门用他下边人的口吻说话。比如可以用"我上回听小李说,张总您……"的句式开头,用小李的口吻去间接地夸对方,这样既照顾到了小李的感受,也照顾到了团队的感受和张总的感受。

所以,我们任何话都要一箭"多"雕,顾及全局。

第七条:学会镜像模仿。

所谓镜像模仿,就是我们要在和客户聊天的过程中,活得像客户的镜子一样,让客户找到似曾相识、一见如故、相见恨晚的感觉。

我们要比较同频客户的内在和外在。比如我们了解到客户是一个有狼性价值观的人,那么我们可以跟对方同频,讲一讲自己曾经做过哪些特别有血性的事,讲一讲曾经在带队伍的时候我们有怎样狼性的风格,怎样不给自己留后路。当我们谈及自己过去的这些经历,就会让客户重视起我们,因为我们在模仿他们的内在价值观和性格。

我们要了解客户有什么兴趣爱好。比如他们若喜欢某位球星，那就可以在与他们聊天的过程中，不经意间提到有一个特别铁的好朋友，他一直喜欢踢足球，他最喜欢的球星是谁谁谁。这就是在镜像模仿。

当然，镜像模仿也有模仿外在的。比如我们坐在客户的对面，客户右手拿水杯的时候，我们可以左手拿水杯，给他一种感觉是，我们就像他镜子里的自己。如果客户有一些习惯，只要不是不雅的习惯，我们偶尔也可以同频一下这种习惯，当然不要表现得太过刻意，要表现得非常自然，稍微有一些细小的差异，这样的话就会让客户觉得似曾相识。

比如客户喜欢什么品牌的服装，喜欢穿什么范儿的衣服，如果我们提前了解过这些，也穿成这种范儿，一上来就会给他留下好感。

以上七个要点都能够让我们在拜访客户的时候，赢得客户的好感和信任，让客户更容易跟我们步入最后的成交。

当然，我们在拜访的时候，到底如何开局，如何一上来跟对方寒暄到位，或者临走的时候如何留下一些话引子，让自己下一次更有机会拜访，更容易促进成交等，这些方面，我在之前的章节已经给大家讲过了，欢迎回看。

拜访大客户，总觉得自己低人一等，心理紧张怎么办

拜访大客户时心理紧张怎么办呢？本文送你四条建议。

现实生活中，经常有一些从业不久的销售员在拜访客户的时候存在心理障碍，尤其是要拜访那些老总级的大领导时，总觉得自己的身份比别人矮半截，在心态上处于弱势，最后的成交结果当然就不理想了。

我们如何摆脱这种困境呢？首先，我们要清楚为什么会紧张。一般情况下，拜访大客户之所以紧张，有以下四种原因（见图1-6）。

图 1-6　拜访大客户心理紧张的四点原因

第一种原因：准备不足。

准备不足主要体现在对产品还不足够了解，没有成为产品专家；对整个市场行情不足够了解；对客户心理也不足够了解。当我们准备工作不足时，当然就会心理紧张。

第二种原因：没调整好心态。

就是没有那种我是帮别人解决问题的、提供方案的心态，而是觉得要向他人寻求支持、鼓励和同情。这种心态，是一种求人的姿态，而不是帮人的姿态，自然会让我们不淡定。

第三种原因：没有充分认识到自己产品的价值。

我们如果能够把自己融入公司，代表整个公司，代表整个产品链，代表整个服务体系，代表一个最佳代言人，如果能够对他人起到赋能的价值，超越对方所投入的那点价格，那么，我们和别人说话就是理直气壮的。

为什么？因为我们永远给他超值的、低险的产品或服务。如果能这样想，我们面对他为什么还要紧张呢？他如果不选择我们，紧张的应该是他才对，因为到最后这有可能是他的损失，而不是我们的损失。

第四种原因：错误看待推销。

有些人总觉得推销这件事儿是一件很低级的事，是一个不起眼，甚至难以启齿的事，是一个搞定他人或者求人的事。销售其实是一个非常神圣的工作。

销售打开客户的大门，只让客户做小小的投入，就能解决一个大的难题，而且能给他创造丰厚的回报。当销售认识到只有客户成交才能够彻底地帮助到客户，就会发现销售是非常神圣的职业，是能帮助他人解决问题的。

我们认识到拜访大客户心理紧张的背后原因，自然就比较容易对症下药，具体该怎么办呢？我分别从四点原因出发，送你四条建议（见图1-7）。

图 1-7 克服拜访大客户心理紧张的四条建议

（四个方框：做足准备、调整好心态、正确看待推销、充分认识到自己产品的价值）

第一条建议：做足准备。

有准备了，心里有底了，就不太容易紧张。

具体要准备哪些方面呢？产品知识要准备，专业知识要准备，市场知识要准备，客户知识要准备。

我们要能够成为一个在产品上不能被别人问住的人。我们要显示出自己是这方面的专家。我们要让客户觉得我们很懂他，我们说的任何话都说到了点上，都说中了他的心理诉求。我们要足够了解客户的背景及客户的需求痛点，要在客户拿行业的竞争对手来打压我们的时候，照样可以给他分析具体的行业内幕是什么，以及竞争对手与我们各自的优劣势等。

以上这些，都是我们要做的准备。

第二条建议：调整好心态。

我们必须有一种百分之百是在帮助客户解决问题的信心，

我们不是去求人的。即使客户的职位比我们高，他也是一个"患者"，而我们是一个"医生"，我们需要带着公司经过长年累月所研究的方案，帮助客户去解决问题。

第三条建议：充分认识到自己产品的价值。

只要我们能够充分认识到自己产品是超值的，那么我们就能说出这种超值的感觉，客户就很有可能会下单。

说直白一点，如果我们觉得自己的产品好，那些不买的人都是傻子，那么，我们还会紧张吗？当然不会。

第四条建议：正确看待推销。

我们千万不要简单地认为，推销只是搞定客户、拿到提成这么简单。也千万不要觉得今天收客户钱就是赚他钱了，心里有愧，难以面对他。

推销是帮助别人解决问题的一件非常高尚的事。作为"医生"，我们帮助"患者"解决问题，只有收了"患者"的钱，才是一个良性的解决问题的循环。否则，我们就是做公益。今天帮这个，明天帮那个，到最后肯定难以为继，也难以帮助到更多人。

所以，推销收钱是合理的，是应该的。我们用超值的方案解决了客户最急切的问题，我们做了一件非常善的事情，这是我们应该给自己加持的价值观。

相信只要我们做到了以上四点，未来拜访大客户时，哪怕对方是老总级的大领导，我们也大可不必觉得在他面前矮了半截。因为，这四步准备好了，紧张就会大大缓解，自然可以比较轻松面对他。

拜访客户除了介绍产品，怎么找话题更有利于成交

拜访客户的时候，除了介绍产品之外，怎么找话题才会让聊天更加愉快，从而更有利于最终的成交呢？我送你四条建议。

在说这四条建议之前，我们需要了解一个聊天的大原则，叫投其所好，就是对方喜欢什么，就聊什么，一切以对方的喜好为中心。只有这样，才会越聊越开心、越聊越放松，才更有可能让对方接受我们的建议和方案。

那么，我们怎么观察到对方喜欢什么呢？很简单，在与对方接触的过程中，我们只要有意识地去发现以下几点（见图1-8），就可以在聊天时找到话题的方向。

```
┌─────────┬─────────┐
│ 对方看  │ 对方坚  │
│ 重的    │ 守的    │
├─────────┼─────────┤
│ 对方感  │ 对方自  │
│ 兴趣的  │ 豪的    │
└─────────┴─────────┘
```

图 1-8　与客户聊天怎样找话题

第一个话题方向：对方看重的人、事、物。

与对方一聊天，发现他总念叨自己的孩子，那证明他看重自己的孩子。这样，我们就可以跟他谈一谈孩子现在上学的情况，在学校的表现，业余时间怎么辅导孩子功课，是不是有些时候也觉得有心而无力，周末的时候或是暑假的时候怎么带孩子出去玩、去哪儿玩等。聊育儿之道也好，聊生活场景也行，让他越聊越放松，慢慢地，就会跟我们越聊越亲切。

当然，我们也可以聊对方看重的事或者看重的物。比如我们去办公室拜访，他办公室墙上挂的什么、桌上摆的什么、电脑屏上贴着什么、身上佩戴的什么、服装是什么品牌、提的是什么样的包包等。这些都是我们的话题切入点，因为对方不想让我们看到的，我们断然看不到，我们能看到的就是对方其实觉得有优势的地方，就是对方想让我们看到的。

比如，看到墙上挂着一幅画，这幅画有特色，一看像大师的作品，这时，我们可以去问他这幅画的来历。这时，对方就会感觉遇到了知音，这种感觉一上来，就很容易跟我们亲近，也就更容易接受我们。

第二个话题方向：对方所坚守的立场与观点。

我们可以去跟对方聊对方所坚守的立场以及他的观点。知道对方是什么职业，年龄几何，是男性还是女性，一般情况下我们按照这些情况分析一下，就大致知道，这种类型的人，都比较认同什么或抵触什么。

知道了认同什么、反对什么，我们就可以跟对方去聊那些价值观同频的事情，也可以拿经历过的事情去论证自己也是一个在哪方面特别认同什么，在哪方面特别排斥什么的人，这样的话对方就会觉得很聊得来。

第三个话题方向：对方的兴趣爱好。

兴趣爱好怎么发现呢？可以通过他的朋友圈提前去观察一下，比如发现他经常去各地旅游，那证明他对旅游这方面是有情结的；看到他经常去健身房，说明他注重身材的管理；发现他经常去遛狗，那他可能对宠物感兴趣。

我们要去发现他的兴趣爱好，因为一个人在自己的兴趣爱好这个点上，永远有聊不完的话题。

第四个话题方向：对方自豪的经历或特长。

我们要了解客户曾经在年轻的时候，取得过哪些特别突出的成绩,哪怕是曾经参加过马拉松取得了成绩,或者是做过青年代表获得某项荣誉,或者代表公司参加过比赛拿过名次,这些都是他自豪的经历。

我们也可以去跟对方聊他比较自豪的特长,比如他本身就是某个领域的专家,我们就可以用请教的口吻让他发挥一下自己的专长,找到那种优越感。

我们想了好长时间的事情,一提出来,他会说,这个问题底层逻辑是什么,然后三两句话给我们解释完了,如此,他就会有一种为人师、得到尊重和被需要、被崇拜的感觉。

所以,我们要找到对方自豪的特长,甚至有些人他把自己的爱好变成了特长,我们也可以去请教他。比如说他打篮球打得好,他下棋下得好,我们都可以去请教,让他产生那种优越感和满足感。

不管怎么样,请永远记住,我们想让聊天氛围变得更愉快一些,想让对方更容易地接受我们的推荐,请以对方的喜好为中心。对方喜欢什么,我们就聊什么。

拜访客户，收尾时做好这三步，助你轻松签单

拜访客户临结束时如何收尾，才能更有效地促进签单成交呢？我送你三个建议。

在说这三个建议之前，我首先要声明一点，销售，尤其是大客户销售，任何一次拜访可能都无法直接导向成交，但是它必须起到有利于最终成交的作用，起到为我们下一次拜访跟进的铺垫作用。

向大客户推销，有些时候一跟进就得几个月，甚至几年，不可能一次性搞定，但是，每一次我们都要离终点更近一些。比如我们锁定客户的需求，得到客户的承诺，这些都是非常有利于最终成交的。

拜访客户收尾时的三个建议如下。

第一个建议：总结要点，锁定需求。

我们与客户谈到收尾时，客户提到的关键点是什么，客户的诉求是什么，我们要在最后总结陈述，并与客户进行确认。

这样做，会让客户觉得我们比那些满嘴跑火车的销售靠谱得多。为什么呢？因为我们真正在意他的意图，真正在意他的需求。

收尾时，我们可以这样说："张总，今天我也不耽误您太多的时间，最后我总结一下，您看看我理解得对不对。首先，我们现在正在寻找操作更简便并且效率更高的机器，是吗？"在得到客户确认后，我们接着说："既然这样，我能不能这样理解您刚才那些话的意思，就是您希望我们的产品能够再具备几项功能，您希望今年春节前能够把这个方案做出来，敲定下来，是不是？"

我们这样说，就会给人一种非常尊重客户需求的感觉。同时，如果我们有些地方不完全能理解，也可以直接询问："张总，您刚才提的那个点，我不是特别理解，您能不能再跟我说一说？"

我们越是这样，客户就会越喜欢，因为他觉得我们跟他会比较匹配，从而有利于走向最终的成交。

第二个建议：在临走之前一定要得到客户的承诺。

我们在与客户谈到结尾时，临走之前一定要想办法得到客户的承诺，最好约定好下一次见面要谈的内容，方便把我们的谈判推进到更有利于成交的地步。

因为，大客户销售不可能一次搞定，要订单不是最重要的，但是要承诺很重要。我们每一次都往前推进一点点，就像一个漏斗一样，每次往下漏一漏，我们就离终点更近了，就更容易走入谈判成交的良性快车道。

我们可以和客户这样确认："张经理，我们是不是回去确认一下，符合三个条件之后，是不是可以进入下一步方案环节了（或者我们设计初稿环节等）。"

我们要得到客户的承诺，甚至可以问他要一些相应的条件。

比如我们可以这样说："张经理，你看能不能给我推荐一下咱们设备科科长的联系方式，我方便了去拜访一下他，了解一下他详细的需求。另外，您方不方便再给我推荐一下咱们公司的技术总监，也方便我们更针对性地给咱们做方案。"

我们也可以和他说："如果我们符合相应的条件，是不是可以在月底之前，我们见面聊聊合同细节呢？"

这些都是在向客户要承诺、要条件，以方便工作进一步开展，从而走入谈判成交的快车道。

当然，为了更方便、更顺利地得到承诺，提高得到承诺的成功率，我们要注意，我们要的承诺最好是让客户感觉是对他们有利的，而不仅仅对我们有利。

比如可以这样说："您看看能不能给我推荐一下×××的联系方式，以便我了解他的需求之后，更方便给您做出一个初步方案。"

我们要让对方感觉到你考虑的一切是对他们有利的。当然,要他们提供资源或条件的时候,需要考虑其职责范围,不要让人觉得我们提的条件太过分了。

另外,我们也要考虑谈判阶段是不是适合要更上级人员的联系方式,是不是适合走入更敏感的下一个环节,如果不适合,就不要提前提出要求。我们需要等到客户关系处熟了,再推进到下一个阶段。到了该要承诺的阶段了,我们想办法要他的承诺,或者要他的资源,这些都是顺理成章的事。

第三个建议:表示感谢及期待。

我们可以对客户在接待上的安排表示一下感谢,同时也可以和他约定下一次见面的时间、地点、要谈的内容,以及双方要分别做哪方面的准备工作。这样,下次我们就能更顺利地推进谈判。

我们可以这样说:"张总,特别感谢您今天腾出宝贵时间,也特别感谢您今天做了这些细心安排,我也不耽误您时间了,我到下周再向您确定,看您周二方便还是周三方便,到时候咱们争取把这个版面选定一下。我今天回去就尽快通知我们的设计部准备,以方便咱们更进一步的合作。"

我们这样说,既起到了要承诺的作用,同时也约定了什么时间再联系及到时候要做什么样的准备。这是非常有利于最终成交的。

希望这三个建议，可以让我们每一次拜访客户，都能够顺利地推进谈判进程，更快地做最终的成交。

2

直达顾客需求,把话说到顾客心坎儿里

如何挖掘顾客的真实需求

顾客想要的东西我们家没有,到底应该如何回应,才能够引导对方继续成交,甚至卖出更多呢?

我们先来看一个例子。

假设我们是开水果店的,有一个小伙子进我们的水果店,问:"有梨子吗?"

作为一个店老板,因为没有梨子,他就直接回应了:

"哎呀,梨子卖完了,现在梨子都已经过季了,你买着也不好吃。你不如看看我们家苹果,你看那苹果又大又红,现在我们店里还搞活动,买一赠一,要不要来两斤尝尝?"

店老板还没说完,对方可能就径直走了,为什么呢?

因为这店老板有可能没想明白对方的真实需求是什么。仅仅针对对方的表面需求,就进行二次推荐,这样的话很难推荐到对方心坎儿里。对方到底买给谁？买了做什么用？为什么要买梨子？这些问题都没有提过，就难以挖掘到对方的真实需求，说再多表面需求的推荐都没有用。这种思维相当于"我有药你有病，我这药还挺便宜、挺实惠，正在搞活动，买吧"。这不符合正常的销售逻辑。正常的销售逻辑应该是发现对方的病根到底是什么，就是"你有病，刚好我有治这种病的药"。这药哪怕贵一点，他也会买。

那我们到底该如何正确地回应，以引导出对方的真实需求，最后进行成交呢？我们可以针对对方的使用场景，即针对对方买了做什么用、为什么买、给谁买这方面的话题，去引导出对方的真实需求。

比如说我们可以这样去问他：

"先生，您为什么一定要买梨子呢？您是给自己买还是给家人买呢？"

问完这些话之后，对方有可能就会给我们一个更深层次的答案。他也许会跟你说：

"哎呀，因为我太太病了，看医生的时候，医生建议让她多补充点维生素。"

真实答案出来了之后，我们就发现了一个更深层的需求是补充维生素。那我们接着就可以进行对维生素补充方案的其他推荐了。比如我们可以说：

"生病期间确实需要多补充维生素。不过补充维生素的水果不只有梨子呀，像苹果、猕猴桃，补充维生素的效果会比梨子更好啊。"

这样推荐,对方会更容易接受一些。我们还可以再说出一些理论依据,比如说:"老话说得好,'一天一苹果,医生远离我',所以这个苹果要不要来两斤?"

这样跟对方说,对方往往更容易接受。因为我们是针对对方的真实需求,而不是针对对方买什么的表面需求直接转向推荐的。

那我们该怎么问出对方的真实需求呢?下面给大家介绍三个询问的方法。

第一个:针对对方使用场景。

我们要去挖掘对方的真实痛点、真实需求。就像上面的这个例子,我们可以去问他,给谁买、买它用于什么、为什么要买等。这些问题问完了之后,对方往往会给我们一个更深层的需求答案。比如,前段时间我在日本出差的时候,去免税店想给我妈妈买相应的产品,买完产品之后,销售员看着我这年纪应该是有孩子的人,就说:

"先生,我这个鲨鱼油特别好,你赶紧给自己的孩子多买点吧,这鲨鱼油现在在我们这儿很畅销。"

其实我当时本来就是带着给我妈妈买东西这一个诉求过来的,他非得给我推荐那个孩子的产品,如果我本身没有孩子,那么这个销售员说再多都没有价值,都没有意义。这就又成了那种"你有药我有病",先后顺序弄错了。

正确的顺序应该是，我们发现对方真实诉求，是因为老人有什么样的问题，那么我们就可以针对这种问题，对症下药地推荐。

第二个：询问对方的过往方案，以引导对方的改进需求。

举个例子：假如有位女性顾客，她过去一直都用护肤品，但没有买过我们的牌子，她今天既然来到我们店里了，那说明她肯定是有一些改进需求的。

我们千万不要直接就跟她说：

"我们这个品牌是新推出来的一个品牌，非常受欢迎，知道吗？你一定要选择这个。"

不问清楚对方的真实问题、真实诉求，就一味地推荐，对方就会很反感。所以我们可以先和她聊一聊："您过去使用什么护肤品？您遇到什么样的问题？您希望得到什么样的改进？您今天来到我们这儿，有什么样的新诉求？"

这样一引导，就会发现，最后我们推荐的产品成交率往往会更大一些。

第三个：询问他的常用方案，以引导配套需求。

假设我们是卖家具的，我们可以问他：

"咱们家里是多大的电视屏？咱们的电视柜是什么主色调的？我给您配套配套，看咱们整个客厅到底是怎样一个风格。另外，在沙发、灯具这方面也给您设计一下，然后看看哪个方案更适合您。"

  我们问他已有的方案和常用的方案，就可以在问清楚之后，给他设计一个更匹配的方案、更匹配的需求。因为我们可以从这种匹配的原理上跟他讲，那是什么主色调，所以在配沙发的时候一定要注意什么，在配窗帘的时候一定要注意什么，在安装立体家电的时候要注意些什么，等等。我们要能够讲出一套配套理论来，让对方听着就觉得确实是有道理的。

  所以，我们可以先问清楚他已经做了什么、用了什么，这些信息往往能够让我们得出一个新的匹配理论，更有利于我们推荐匹配其需求的产品。

不同人生阶段的需求大不同，销售若不懂，就是白忙活

人的生存发展阶段不同，需求也有不同。

销售产品，需要依据不同的阶段而区别对待。如果销售者没有意识到随着人的生存发展阶段不同，需求也会有所变化，我相信这个销售一定是白忙活，肯定是在做无用功。

比如，找刚毕业的大学生去推销保险，这合适吗？显然不合适。刚毕业的大学生，找份工作都难，好不容易有份工作了，也不能问家里要钱了，还得负责平常的房租水电费、交通费、电话费等，他哪有钱去买保险？他有这种需求吗？他现在最大的需求是怎样让自己先生存下来。

所以，对于这个阶段的大学生，如果有办法让他们可以生存得更好，哪怕只是一个与职业技能有关的培训产品，或者让

他业余时间可以多赚点钱的产品，对对方的驱动往往都比让他买一份保险要强得多。

人生阶段的匹配，不仅针对我们的客户，也针对我们的销售人员。

比如，我们的团队中，增加了一个刚毕业的大学生。就算我们想让他去推销保险，那也得看他适合做哪类保险。如果都是做偏大客户的，刚毕业的大学生根本就做不好，为什么？因为他周围所有的人脉几乎都是自己的同龄人，他卖给谁啊？

他向大老板推销，大老板们会想：我为什么要找一个毫无经验的人买保险呢？同样是买，我为什么不找那些特别有经验、特别有资历、特别有人脉的老销售买呢？反正找谁都是买，我找老销售买了之后，还可以通过他的人脉再给我反补回来，他或许还能够帮我解决一些其他方面的问题。

所以，我们做任何的事情都要匹配，只有匹配才能够推广得更加顺利。

我们再重温一下马斯洛需求层次。马斯洛五层需求是什么呢？分别是生理需求、安全需求、社交需求、尊重需求和自我实现的需求（见图2-1）。我们针对这五个层次的需求，一一来说明。

```
      自我实现
     尊重需求
    社交需求
   安全需求
  生理需求
```

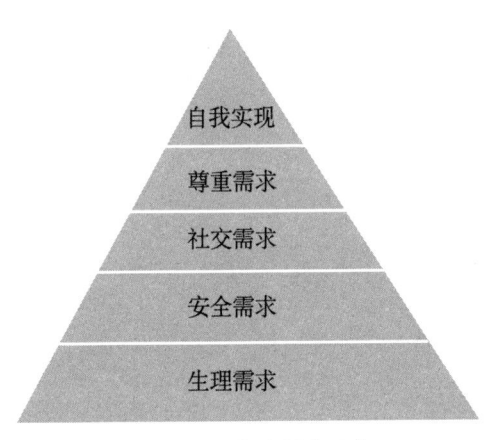

图 2-1　马斯洛需求层次

1. 生理需求

生理需求是低层的需求,是为了更好地生存,为了解决温饱问题的需求。所以,这个阶段,一切可以让人生存得更好的方案或产品、服务,往往能够打动人心。

2. 安全需求

第二个阶段是安全需求,就是人过了生存期之后,有了一定积累之后,就开始考虑这些积累该如何更好地延续的需求。

比如购置房产,其实就是一种满足安全需求的选项。车辆保险,以及一些保驾护航的相关计划安排等,都是面对人的安全需求,能够保障人身安全或财产安全的产品,这才是适配的。

3. 社交需求

再往上一个阶段是人的社交需求。社交需求是人在生存期、安全期方面都有一定的保障之后产生的需求。

人一般希望自己能跟更多人发生联系，从而让自己的软性人际关系从弱关系变成强关系，让自己可以有个更好的营商环境。在事业有一定积累之后，往往都有社交的需求。

有了社交需求，他就需要一定的关系。比如加入协会，比如成为哪方面顶级会员等。有些人还会给自己加持一些相应的身份，或者让自己加入更多的优秀组织，比如读 MBA 商学院等。其实，这些都是在证明他已经有一定积累，他想在人生发展方面做得更好。

4. 尊重需求

当人的底盘较稳固，外在的人际关系也非常稳定，那么，他要追求的就是能赢得多少人的尊重和认可。这个阶段的企业家，往往会更讲究社会责任感的传递和践行。

如果我们向一个初次创业者提社会责任感，但他连自己员工的工资都发不下来，他怎么跟你谈这种问题？不是他没有社会责任感，而是在这个阶段他不方便跟你谈这种问题。

而遇到了希望获得尊重的企业家，若建议他去做一些公益事业，就很容易得到他们的支持。这些事刚好跟他适配，才能够驱动他。

5. 自我实现的需求

马斯洛需求层次的顶层是自我价值实现的需求。也就是说，我现在什么都不缺了，但我还能成为什么样的人呢？我能给这个时代留下些什么呢？我能为社会、为人类创造什么样的价值呢？当我不在人世的时候，我能够影响多少代人，我的名字还能够被多少人记住？这些都是价值实现层面的需求。

另外，有些人可能过渡比较快一些，他觉得自己在物质上没有太多的追求，各方面都已经做得非常成熟了，这个时候他就不断去挑战极限，让自己不断突破不可能，这其实也是一种自我价值实现的追求。

马斯洛五层需求，随着人的发展阶段不同，往往会有所变化，所以我们的产品需要更适配于人的各个阶段，并且我们需要结合不同客户的不同阶段，有意识地去塑造相应的适配性。我们销售产品的时候，一定不要拿着不适配的东西强行推荐给那些不需要的人。

顾客说"暂时不需要，有需要再联系"，如何让其无法拒绝

顾客说，有需要再联系吧。这种情况下，我们应该如何回复，才能够让其无法拒绝，从而快速签单呢？本节针对三种情况（见图2-2）分别给大家提一些建议。

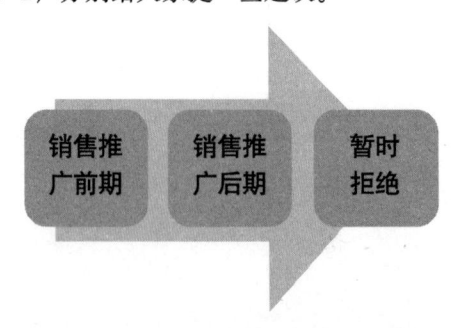

图2-2 顾客在三种情况下提出不需要

第一种情况：销售推广前期的拒绝。

第一种情况，在销售推广的前期，我们还没有介绍到产品的优势，顾客就习惯性地拒绝，说有需要再联系吧。

这种情况下，该怎样有效应对呢？最好的方式就是，先认同对方，再介绍价值。就是我们先通过认同对方，换得对方好感之后，对方也有意向去倾听我们下面的叙述，那我们就可以引导到产品的价值卖点上。

比如可以这么说："你第一次接触我们这款产品，觉得不需要很正常，要换作我，我也会这么认为。不过，以我过去对我们公司上千名客户的分析来看，有三个您绝对不能忽视我们这款产品的原因，它会对您特别有帮助。既然您今天来，不妨先听一听。"

这样，我们就可以介绍产品的价值卖点了。

可以接着说："比如，很多客户没了解我们这款产品的时候，都会有跟您一样的想法，不过在他们了解到我们这款产品能够帮他们每个月节省30%的办公费用的时候，他们都愿意更深入地跟我们建立一些合作，后来也都成为我们的长期合作伙伴。所以接下来，不妨还是先给你介绍一下，我们到底是怎么帮助这些企业节省这30%办公费用的。"

我们先通过一种价值卖点吸引住对方，再拿出来一些事实见证，这就是针对销售前期客户习惯性拒绝的一种有效回应方式。

第二种情况：销售推广后期的拒绝。

到了销售推广的后期，我们已经介绍了产品的卖点，但是，如果这时客户仍然说"有需要再联系吧"，如何应对呢？

客户这么说，首先证明现在可能没有需要，这时他们往往会说"你就不用再跟我说了，我都已经了解了"，甚至给我们暗示"可能有点烦了"这种感觉。这种情况下，该怎样更好地应对呢？

建议直接落落大方地跟对方互换信息，互换名片，或者互加微信，并且留个话。留个什么话呢？我们可以这样跟他说："张总，看得出来你们今天也挺忙的，就不多耽误您的时间了，反正您对我们也非常了解，相信您也调研过很多我们行业内的其他竞品，我们在整个行业，尤其是帮您提高您的销售额这方面，也就是我们的广告投放效益，还是有领先优势的。那这样，我们互加一下微信，您有哪些需要向我了解的，随时可以再跟我沟通。后期如果还有哪些对您有用的、有价值的行业资讯、行业信息，我也及时给您推荐。当然了，肯定不会骚扰到您工作的。"

这样说完之后，会给客户留下一个好印象。知趣地、适时地结束话题并且加联系方式，后期再给对方推荐就有理由了，因为已经提前铺垫过了。

第三种情况：有需要暂时拒绝。

除上面两种情况外，还有一种情况，就是客户本身有需求,只是想暂时推掉,才跟我们说有需要时再联系吧。这种情况该怎么应对呢?最好的方式就是用真诚的反问,取得对方在需求的时间等方面的承诺。

比如,可以这样反问他:"好的,陈总,那您大概什么时候需要这个设备呢?我方便记录一下,到时候我提前给您准备,提前给您打报告走流程,争取给您申请一个好价格。您也知道,现在我们的设备在市面上挺抢手的,价格波动也相对比较大一些,省得到时候您买亏了。"

这样的话,得到对方一个承诺,这是给客户留下好印象的一种处理方式。

顾客说"下次搞活动我再买",运用这三招,促其现场签单

我们销售,尤其是做店面销售的,经常会遇到这样的顾客,他们说,"等你们换季打折的时候再来买""等你们'双十一'搞活动的时候再来买""等你们感恩节大促的时候再来买""等你们店庆日、店庆月、店庆周的时候再来买"等。

遇到这种等下次搞活动的时候再买的情况,我们该如何有效地回应以挽回成交呢?本节会先为你分析一些错误的回应方式,再谈谈有效回应的正确方法。

下面是"下次搞活动我再买"的两种错误回应方式。

一是和客户说"不知道什么时候打折"。

有些销售遇到上述所说的情况,往往直接说:"别等了,

等什么等啊,还不知道什么时候打折呢,赶紧买吧。"

这是一种错误的回应方式,这种回应方式就会给客户一种念想,未来有可能会打折,客户就会把希望寄托到未来。

我们要知道,任何一个顾客都很难接受现在全价购买了,但未来有一天收到一条短信,上面写着能够打折购买,能够降价购买,这种情况换谁都上火。

所以,以上这种回应方式是不可取的。

二是直接劝客户别等。

还有一种回应方式也不可取,那就是直接劝客户:"别等了,难得遇到这么好的东西,为什么不现在购买呢?不要让自己以后留遗憾呀,万一未来断码了呢?"

这种回应方式会让客户觉得我们特别着急去成交。并且,我们说的话也缺乏根据,很难有说服力,因为我们并没有站在客户想更划算的初衷上去理解他、认同他、接受他和回应他。

所以,这种回应方式也是不可取的。

下面是"下次搞活动我再买"有效回应的三个方法(见图2-3)。

打消念想法 ⇔ 强调代价法 ⇔ 增强遗憾法

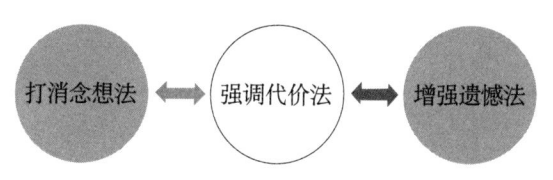

图2-3 有效回应"下次活动我再买"的三个方法

第一个方法：打消念想法。

我们首先要知道，客户为什么说等未来换季打折的时候再来买，为什么他会说这些话呢？他说这些话的初衷其实就是想花更少的钱买到自己喜欢的或需要的产品。

针对这种情况，我们可以给他分析一番，让他认识到，等到那时候，有可能也省不了多少钱，甚至不会省钱，还有可能会付出更多代价。这么一说，客户就会觉得没有等的必要，他会想现在就满足自己，获得穿上它、使用它的快感。

这时，我们可以这样说："一听您这样说就知道，您是一个特别能干又特别节约的人，今天既然来了，买不买都不重要，重要的是把它了解清楚了，下回再来，你至少也知道自己适合哪种款式。其实，我们现在也是有折扣的，并且是我们上新期间的最大折扣，为什么？因为我们是品牌方，我们希望在上新了之后，在最流行、最能引领时尚的时候，能够更多人购买。所以说，我们就会采取更大的折扣力度。并且现在还是号码齐全，你穿上去至少现在也是一个流行的时候，真等你再等一段时间，换季的时候，那时候不仅断码，还有可能挑不到自己真正喜欢或者合身的东西了，而且那个时候也都已经过时了。等明年新款上架，你又不太想穿着出来，这不就相当于给自己造成浪费了吗？现在物价又飞涨，我们一个阶段一个阶段的价格，到最后可能要调价。你看那时候是打折了，但其实你也并没有少花多少钱，甚至有可能多花钱。"

我们这样给客户综合分析一下，客户还觉得有坚持等下去的必要吗？肯定没必要啊。因为，我们都给他说了，上新期为了品牌能引领时尚，我们才搞大力度的折扣，等到快过季了，那时其实也没有多少人来买这种过季的东西，对品牌没有价值，我们也就不可能搞那么大力度的活动，所以现在买最合算。另外，我们还给客户强调了物价飞涨啊，我们会一个阶段一个阶段地往上调价，这些，都是打消念想法的应用。

第二个方法：强调代价法。

我们可以给客户强调，如果错过眼前机会，未来有可能会付出更大的代价。让客户隐约感受到这一点，他们就更愿意珍惜眼前的机会了。

比如，可以这样说："小姐，您也知道，过季打折的商品一般都是缺货断码的，并且款式相对来说都比较过时，您即使到时候入手了，买回家也特别容易感觉到不合适，或者觉得不流行，您穿不出来。那时候它就会成为您的沉没成本，您还需要花更多的钱去买那些更喜欢或更流行的，那其实不就变相地增加了您的综合成本了吗？所以遇到自己真正喜欢又特别合适的商品，最明智的决定就是当下决定。为什么这么说？因为你至少不会花冤枉钱，买后悔药。"

我们这样说的话，就会让客户意识到还真是这样，眼前决定有可能是代价最小的一种决定方式。

第三个方法：增强遗憾法。

客户为什么说等未来打折的时候再来买？他说这些话代表了他现在不是特别着急，所以我们要想办法通过一种描述让他着急，让他觉得错过了之后，就有可能会很遗憾，这样的话他就不愿意错过了。

比如，可以这样说，先恭维一下客户："一听您说我就发现您真的是特别精明的人，特别会挑购买时机。"

说完了之后，立刻转折一下："咱们大伙赚钱都不容易，谁不想用更少的钱买到自己更喜欢、更需要的商品呢？您不妨先把自己的联系方式留下来，等我们再搞促销活动的时候，我到时候给您打电话，也方便您到时候过来挑选购买。不过，我可以负责任地告诉您，这次我们的折扣活动是过去店面里搞得最大力度的活动，我认为，再等等也很难再等来这么大力度的活动了。因为本身利润空间都是有限的，再搞更大力度的打折活动，那不就是赔钱赚吆喝吗？所以，我建议您喜欢的话，不妨趁此机会把它拿下。这款商品在我们店里真的是太畅销了，光昨天我们就卖出了一百五十件，我真担心等不到换季打折的时候，它就卖断货了，等那时候，你不就一直遗憾下去了吗？"

我们这样说完了之后，客户是不是也会觉得这么畅销，每天采购量这么大，是不是有可能再等一段时间，真的再也买不到了。这样，客户就会有着急购买占有的心情。

希望这三个方法可以让你挽留住那些想换季打折时再购买产品的客户,让他们能当下购买。我们一起回顾一下这三个方法:第一个方法是打消念想法,第二个方法是强调代价法,第三个方法是增强遗憾法。

顾客说"我等一等再买吧",如何重新达成交易

在销售过程中,经常会碰到这样的情形:顾客看来看去,看着也挺喜欢你的产品,但就是不下决心立即买下来,还告诉你有需要再来,然后你傻傻等待,顾客却一去不复还。

遇到这种情况,你该如何回应才能够重新搞定对方呢?这一节,我来分享三个重新搞定对方、促成交易的秘籍。

第一招:分析对方问题的真假,再分情况成交。
我们不要相信顾客说什么时候买,他到时候就真的会买。绝大部分的顾客都是不会再回头的。
一般情况下,他这样说,有两个原因:
第一,就是以此为借口来搪塞你,想赶紧逃离现场。

第二，就是他确实没太考虑明白，他觉得现在不需要，等到时候才需要。

可是我们不要忘了，真等到他需要的时候，在我们等待的期间，会发生很多的不确定性。有可能竞争对手捷足先登，那么我们就失去了成交的机会。所以我们当场能影响对方就要当场影响对方并促进成交。

那怎么分析对方问题的真假呢？

对方说到时候再买，我们立刻反问对方一句话：

"你确定你到时候一定会买吗？"

他肯定会回应：

"我确定。"

"好，既然你确定，你一定要现在占有这个名额。"

他就会疑虑了：

"为什么呢？"

这时，我们就可以跟他解释现在占有这个名额以及那时候占有这个名额的利弊。也就是下面的第二招。

第二招：要分析他不同决策的利弊，以及他的收益和损失。

接着上面说的情况，我们就可以跟他讲：

"你也知道，现在我们是活动期，而且我们是一个上市公司，是一个大集团，我们长久地做这项服务。等到你说的那个时候再做决定,价格一定已经涨了很多,甚至可能都翻倍了,并且那个时候没有今天的这种活动政策,没有这些赠品,没有这些特惠,没有这些增值服务,等等。如果你现在占有这个名额,你可以暂时不用,等到那时候你仍然享受这些赠品、特惠和增值服务。那时候别人花双倍价钱才能买到的这个产品,而你享受他所有的特权,这是一个终身受益的特权。所以,如果到时候真的有需要,你肯定现在就会愿意占有这个名额,除非你不需要。"

经过这样一番解释之后,对方基本上就被架起来了。有些是原来没想明白好处的,他听明白了,就做决定了;如果他是那种搪塞的,他会逃离现场;如果他是没想明白,有可能就会在这种情况下,说出他的真实疑虑。那个时候我们就可以结合他真实的疑虑,彻底帮他解决问题,再实现成交。

第三招:要先套得真相,再做说服工作。

套得真相就需要我们用肯定的、断然的语气,用一些框式句式去套对方的真心话。

据我对过往的活动参与者的了解,如果他真心想解决,他断然不可能等到以后再解决,一定会现场抢名额。甚至我们用那种更有对象感的方式跟对方说:

"据我对过去做了这么多期活动的了解,你是绝对不可能等到那时候再解决,除非你现在没有认识到我们的价值。"

他一听,心想,为什么我们这么说呢?

他一有疑虑，我们就有机会可以再次给他证明这个东西对他的必要性、重要性和价值，从而促成交易。

以上三招，就是我们针对别人说"我想等什么时候再解决"这种理由，该如何有效回应的三条建议。让我们再回顾总结一下：

第一招：要善于分析问题的真假，再分情况成交；

第二招：要分析他不同决策的利弊，以及他的收益和损失；

第三招：要善于先套得对方的真心话，再做说服工作。

当顾客说"我想再问问×××"时,如何让其快速做决定

很多销售顾问都会遇到这样的情况:跟顾客说了大半天,顾客看起来也对产品挺满意的,但还是不肯下决心立即买,而是说想再问问×××的意见再做决定。如果你听到这句话,该如何做才能够让他不用问也能做决定,或者是让他问得更有利于成交呢?在这一节,针对这种情况,教你如下四招。

第一招:先争取到对方的积极表态,把对方先变成自己人。

怎么做呢?

我们可以先反问对方:

"咱们今天都已经聊得这么通透了,你听了也饶有兴趣,

如果不用问，由你决定的话会不会买？"

这是一个假定场景的问题，对方回答起来一点压力都没有，更重要的是，对方也挑不出什么毛病，他多少要给你些薄面的。

他一般都会回答："如果是我的话，那我肯定今天就定了，肯定就买了。"

好，趁他说出这种正面反馈的话，我们可以用框式语言去给对方进行确认：

"那换句话来说就是你蛮认可我们的东西，只是你不确定×××的意见如何，对吗？"

我们给对方还找好了台阶，对方说：

"是啊，我肯定得咨询一下他的意见呀！"

第二招：要问清楚他为什么要问，再引导性地给建议。

这种情况分两种：

一是问他为什么一定要问领导的意见呢？

二是问他为什么一定要问爱人、父母的意见呢？

他往往会有两种情况：

第一种情况就是他本身没钱，或者他本身没有决策权，他只是有需求；

第二种情况就是他本身有钱，有决策权，也有需求，只是他不确定。

针对他的这两种情况，我们要有不同的处理办法。

第一种情况，他说：

"哎呀，因为我没钱哪，我爸妈是财政大权的掌管者，所以说我肯定得问他们呀！"

如果是这种情况，我们就要给对方拆解一些第三方见证，让对方想明白该怎么样去咨询父母的意见，该怎么样去引导父母，去给他投这笔钱，让他做这个决定。

引导什么样的第三方见证呢？

比如我们也曾经遇到过一些人，他们想报我们的培训班，但就是拿不定主意。最重要的是，自己没钱。所以他要咨询父母。

这种情况我们就跟他讲：

"其实有些时候，你不知道如何跟父母阐述，最后问父母不仅满足不了解决问题的需求，同时还让父母平添一些不必要的担心。你若问不好的话，就是给自己的决策平添了很大阻力。"

你可以讲一个负面案例。比如有些人不成熟，跟父母直接就说："爸，妈，我要报一个什么培训班，要花多少钱，我觉得这个培训班太好了。"

但是如果顾客说不出好在哪里，父母就觉得他太冲动了，父母会认为这个有可能是骗人的，是不正规的培训班。最后就阻止他报名。所以，要讲究问的方法。

讲了这样的第三方案例之后，就再给对方强调，我们既然有这方面的需求，只是因为没钱或者没有决策权，我们想让有钱有决策权的某一方给我们投这笔钱,那我们就要注意方式。

然后你再引导一个正面案例。比如我们曾经有一个跟你一样的学生,他就非常成熟。他跟父母沟通的时候,就不是直接提培训班,而是跟父母说:"我现在工作上确实想让自己能够快速进步,以能跟上那些优秀的人的步伐,我发现大家都特别爱学习,然后我也想让自己多充充电。"

这样铺垫场景,铺垫解决问题的必要性,父母听完了之后肯定就说:"是啊孩子,现在就是得跟上步伐,思想迭代这方面都得跟上,你不能像我们这老一代,那你准备怎么做呢?"

"我准备多买点书自学,但买书自学效率又太低,其实我发现我周围很多同事原来不如我,后来经过一些相关训练班的培训,我发现他们真的是一日千里,工作的效率远超于我。"

这样说完了之后,父母就说:"那咱能不能报这班呢?"

这不就相当于引导那些有钱有决策权的人给顾客直接做决定,给顾客做这笔投入了吗?

综上,针对他是因为自己没有决策权、没有钱的情况,我们要给他讲负面案例,提醒他不要瞎问,问不好平添阻力;同时也要跟他讲正面案例,引导他要讲究问的方式方法。如此才能够满足自己的需求。

现在来分析第二种情况。

第二种情况就是他本身有钱有决策权,同时也有需求,只是他不确定,他想咨询一些别人的专业意见。

在这种情况下,其实我们就可以直接引导他:

"你今天都已经了解得这么清楚了,对不对?没有人比你更清楚眼下的这个决定对你的帮助了。"

通过上面的例子,让他明白:

"你看,你问一个并不知情的人,一个局外人,即使他在某方面是专业的,但是他对此情此景,对于眼下这个方案的多维度功能,对产品的必要性,并不了解。所以你问完了之后,有可能到最后让自己又听到了一些不专业的建议,因为那些人没有调研,他其实没有绝对的发言权。"

这样引导完了之后,对方有可能就想明白了,然后就直接自己拍板做决定了。

第三招:直接劝服对方,和你一起去做那第三方的思想工作。

他既然提到要问问某个第三方,那我们就直接跟他说:

"既然你在这方面不足够专业,你也确实想解决这样的问题,刚好我专业,那这样,咱们约个时间,看看什么时候能够跟他见面,我跟你一块儿去做他的工作,帮你去解决这样的问题。"

这样他就没有太大的抗拒理由。为什么?

因为他已经表现出他在这方面是认可我们的,他在这方面是有需求的、是想解决的,只是他不够专业。既然顾客不专业,我们专业,咱们一块儿去想办法解决,这可能对我们是好事，对顾客也是好事。因为见到顾客要问的人，我们可以更专业地给决策的人阐述明白，对吗？

当然，见决策人之前要提前让顾客做一些铺垫工作。铺垫我们在这方面有多专业等。铺垫的内容要有价值、有必要性。

铺垫之后，见面的时候，决策人会对我们有一些相应的良好印象。这样，我们做决策人的思想工作的时候，他一见我们就把我们当作专业的人、权威的人，他就更愿意听从我们的相应建议了。

第四招：激发对方的自我意识以促进成交。

要用一些框式引导的语言，引导对方说出更多有利于成交的话。

比如，我们可以跟他说：

"此情此景之下，这个方案所有的细节你是最清楚的，没错吧？用这个方案能彻底地解决公司的问题，对公司多么有必要，你也是最清楚的，没错吧？"

"对呀。"

"你对你领导的做事风格、决策风格也是最清楚的，毕竟跟他这么多年了，没错吧？他最在意什么，他最担心什么，其实你也最清楚，对吧？"

"是的，对。"

"既然你对你领导最清楚，对咱们的方案也最清楚，你两方面都懂，如果你做领导，你站在领导的角度，站在公司的利益角度,我认为如果今天让你拍板,你今天直接就可以跟我们合作了,没错吧?"

"是,那是那是。"

对方不断地给我们正面回应,我们最后就可以用框式语言引导对方了:

"那既然如此,我相信你一定能说服你的领导。为什么?因为我们双方你都最懂啊,你最清楚咱们这是最为你领导着想,最为公司利益着想的方案。所以最后能不能成交,不在于你领导现在怎么想,在于你怎么说,没错吧?所以提前预祝咱们合作愉快!"

就这样,压力反转到了对方身上。为什么?

因为我们已经再现了场景:

"你最懂领导,你也最懂方案。如果让你做决策,站在领导角度你也会定下来,所以最后问题的关键不在于领导怎么说怎么想,而在于你怎么描述。明白了吧?最后,我愿意陪同你,我们一起去做领导的工作,把这件事给领导拆解得更详细一些,让领导看到全维度,让领导更精明地做决策。"

我们拿出来这样一个积极面对的态度,基本上对方是很难抗拒的。

综上,这些就是在遇到顾客说"我想再问问×××的意见再做决定"的时候,我们应该如何做的四条建议。我们来总结回顾一下:

第一条：先换得对方的积极表态，把对方先变成自己人。

第二条：要问清楚对方为什么要问，再引导性地给建议。为什么要问背后有两个场景：一个场景就是他自己没有决策权、没有钱，在这种情况下我们给负面案例和正面案例引导对方怎么问才是有效的；另外一个场景是对方有钱有权，同时有需求，在这种情况下我们要让对方变得更坚定，不要咨询一些不了解情况的、不专业的意见。

第三条：要拿出一个姿态，表示要跟他一起去跟那个第三方做思想工作，或者是把这件事给他说得更明白些，这对你对他都是好事。

第四条：激发对方的自我意识，让压力反转以促进成交。

怎么解决客户"没兴趣"？用好这四招，让客户主动找你

如果我们是导购员，怎么解决客户没兴趣呢？这一节会介绍四招，让客户主动来找你。

第一招：利益诱惑法。

我们本着对方最有感觉的、最在意的利益，客户一来，我们立即去抓住对方，才能有进一步诠释自己、证明自己的机会。

我们经常见到那些发单的推销员，每天站在街上僵尸似的，见人就发。很多人见到这种情况就躲着走，即使有些人拿了，也是见到垃圾桶就顺手扔进去。为什么他抓不住人？因为他没有相应的利益诱惑，有些人最多就加上一句话：

"有活动，有活动，过来看一看吧。"

没说活动内容，我们感受不到对我们的利益。

我曾经在一个商场，见过一个会做利益诱惑的人。当时他拉一个客户过去，去体验他们的甩脂机。他见到那些稍微有点肚子的人，不管是男士还是女士，上去发单子的时候就说："不打针不吃药，一个月瘦十斤，在家就能做得到，来，过来了解一下吧。"

这样一下子就引起那些对自己肚子不够满意的人的好奇心，抓住了他们的注意力。为什么？因为他在用利益诱惑别人：不打针不吃药，在家就能做得到，一个月瘦十斤。

有些时候他还变换着话术："你想掌握一个月就能够把肚子减下去的方法吗？在家就能做得到，来，过来了解一下吧。"

因为他拉客户拉得特别好，人气特别高，他的甩脂机在那个商场卖得特别好。

卖课程也一样，比如说卖一个销售专栏课，有些会卖的就这样说："如果你是线下推销，想一个月让自己多赚两万块吗？想让自己的收入一年翻三倍吗？"

我们首先得把握住对方的利益，对方可能一开始不太相信我们，但对方可能会被我们吸引住，只要我们吸引住他了，我们就有机会让他相信。

卖其他东西也一样，也可以用利益诱惑法先吸引住对方。

比如说我们可以把自己拉客户的方法变成一种调研采访的方法："能不能花您一分钟的时间采访您一下，做一个公益采访,我们有礼物相送哦!"

有礼品相送,就是对对方的诱惑。这就是利益诱惑法。

第二招:悖论新解法。

所谓悖论,就是一下子让对方不太能理解,他就被你吸引住了。人对自己一下子不太能理解的,往往会感兴趣。如果他一下子全都理解了,就会觉得味同嚼蜡了。比如我们可以这样说:"免费的才是最贵的,贵的反而更便宜,知道为什么吗?"

这样一句话说出去之后,就比较容易吸引住对方,让对方感兴趣我们怎么去解释。

也可以这样说:"为什么我们一个单品一年的营业额,就超过了很多同行很多产业线加起来的营业额总和?"

这仿佛证明了我们的这个产品确实是一个爆品,确实是一个高性价比、受人欢迎的产品。这一下子就吸引了对方。

还可以这样说:"你今天没有觉得有明显的效果才是正常的,你要刚用两天就有那么明显的效果的话,我告诉你,你要小心了,后续你肯定会遇上麻烦的。因为那种情况一定是因为对方添加了什么对身体有害的成分。"

我们这样说完了之后,一下子就抓住对方了。这样一种悖论式的逻辑,往往会让对方更感兴趣,觉得我们更有底气。

第三招:请教提问法。

我们可以通过请教提问的方式,让对方自然而然地介入我们的聊天中。而且我们用请教的口吻，还可以给对方一种充分的尊重感和优越感，让对方更愿意表达自己。只要对方跟我们聊起来了，我们就有机会跟对方越聊越同频。

比如，我们一开始就抬高对方："一听您这口吻，就发现您跟其他人不一样。相信您肯定对我们行业有过了解，那根据您对我们行业、我们这类产品过去的调研，您希望我们的产品在哪些功能上进行优化呢？或者是您能不能给我们提供一些有效的建议呢？"

这就叫请教沟通的口吻。

有些时候我们还要表现得自己弱势一些，让对方可以充分地发挥他自己的话语权，比如说："您刚才提到这个名词，我还不是特别理解，您刚才说的这一句话，您能不能给我再延展一下呢？"

我们这样的口吻，就会让对方有一种高高在上的优越感。

对方就愿意跟我们聊，越聊越舒服了之后，就会很容易跟我们建立一种信任感。

第四招：饥饿保留法。

就是我们要让顾客一直保留在饥饿的、好奇的、想了解的这样一种状态之下。我们不能够一次性地把所有信息全部跟顾客说完，因为说完之后其实他全都懂了，也就没有什么兴趣了。

所以我们不妨这样跟对方说，我们最近刚好针对所有第一次到店的顾客，推出了一个抽奖活动，或者有奖竞答活动，或者是一次公益的赠送活动，等等。我们用这些事一下子诱惑到对方，而且我们说得有理有据："我们最近刚好推出这样的活动，你想了解一下吗？"

也可以这样说："我们公司呀，最近针对我们内部员工刚好有一次福利活动。所有福利活动我们都可以跟自己的亲朋好友去做分享，我今天可以把你列为我亲朋好友的名单，让你享用我们内部的福利机会，你想了解一下吗？"

这都是饥饿保留法。让对方了解一部分小信息，同时对其他信息还不是那么了解，他就会继续跟着我们的思路走，最终走向我们想要的成交结果。

3

化解顾客抗拒，挽回成交

顾客说"我再考虑考虑",如何发现机会挽回成交

你会不会碰到这种情况:顾客看来看去,讨价还价,最后你以为要埋单的时候,顾客居然说:"我再考虑考虑。"

这时候你是该放弃,还是继续努力?如果你会用以下四招,还是有机会挽回顾客并成交的!

第一招:拉对方一起考虑。

比如说,对方想再考虑考虑的时候,我们直接回应:

"看来你对我们产品感兴趣,你不是想用'考虑'这种说法赶我走吧?不是想用这种方法搪塞我吧?"

如果我们这样说,对方会立刻紧张。因为多少要给你点薄面,对方很可能就说:"当然不是了。"

如果是这样，我们可以这样接着说："既然不是，为什么咱不一起考虑呢？咱一起考虑效率还高呢！你既然有这方面需求，你也想彻底解决自己的问题，我刚好在这方面专业。今天我刚好又有时间，更重要的是，又赶上我们公司搞活动。你问我答，这样咱们俩商量着来考虑的方式，效率最高，对不对？你到底还有什么需要考虑的呢？"

在这种情况下再问，对方基本上就被影响了，有可能就把自己的真心话说出来了。

所以，要解除客户抗拒的最重要手段，是问出对方的真问题，真心话，只有这样我们才能够彻底解决对方的疑虑，实现最终的成交。

第二招：猜中对方心思的表达，启动对方坦诚回应。

比如，对他说："我今天都已经跟您说这么多了，你也听得这么认真，刚才咱们俩聊得这么好，相信你如果没有这方面需求、不想解决问题的话，你也不会一直跟我耗到现在。坦诚地说，您最后最关心的是不是价格问题？现在拦住您的是不是这个问题？"

如果我们用这样一种激将法去刺激对方，对方有可能就会说："哎呀，其实在钱方面确实有点紧张！"

也有可能会说出他真正关心的问题，不是钱的问题。只有在这种情况下，你才有可能真正了解顾客犹豫不决的真正原因，才有机会挽回成交。

第三招：打破砂锅问到底。

当对方说想考虑考虑的时候，我们直接说："听您这么说，显然您还有什么疑虑没有告诉我。我特别想知道您现在到底为什么还不能做决定。我今天已经给您花了这么长时间，我觉得把这些事都已经给您说明白了。刚才您也给了我很多正向反馈，我真的很想知道你的真心话。如果我哪些地方错了，我希望您能够给我指出来，至少下回我见您，不至于心里一点底都没有。"

我们用很真诚的态度感染着对方，对方就很有可能在这种状态之下说出真心话。

所以，解除抗拒首先要让对方讲真心话，问出对方真问题！只有这样我们才有机会彻底解决对方犹豫不决的问题，以实现最终成交。

第四招：临走杀个回马枪。

趁对方最不设防、最放松的时候，我们问清楚他还需要考虑什么。通过这种方式，问出对方的真问题，这样我们才能解决成交的问题。

比如我们跟一个老板都已经把方案各方面全都讲透了，对方也一直在给正面反馈，但对方就是不现场做决定，他还在一直口头说我要考虑考虑，这种情况下，我们不妨先给他制造一个放松的机会。

"那这样，张总，看得出来您今天也挺忙，您可能还需要考虑很多其他不同方面的情况，要不今天我就先撤，回头我再专门过来拜访您。"

我们先创造一个让他放松的环境，对方一看到我们开始收拾东西走了，长舒一口气。

在我们收拾完东西，刚要跨出房门那一刻，突然又"杀"回来了，继续问："张总，我不明白，今天我有哪些地方没有给您介绍清楚吗？您到底还需要考虑什么呢？你有什么不能跟我说呢？咱俩都已经聊到这份儿上了。"

对方在这种放松的情况下最容易说真话，只要能听到真话，我们就能想办法帮他解决。

挽回成交的方法，你学会了吗？这就是今天我们跟大家分享的四招，在对方说我想再考虑考虑的时候：

第一，你可以拉对方一起考虑；

第二，你可以用猜中对方心思的表达，启动对方坦诚回应；

第三，就是打破砂锅问到底，问到对方不好意思再绷着；

第四，就是创造一个放松的机会，临走杀个回马枪，在对方最不设防的时候，我们问清楚顾客还需要考虑什么。

顾客说"我过两天再买吧",如何让其回心转意

如果我们是卖家具的,遇到顾客说"我过两天再买吧",这种情况下,我们到底如何说、如何做才能够让对方回心转意呢?

有些没有经过专业训练的销售员,遇到这种情况有可能直接就回一句:"过了这村没这店啦,过去两天这家具就没有了,再想买可买不着了。"

其实我们越这样说,越让对方感觉我们没有同理心。

对方说那句话一定有他背后的原因,如果我们能先表达一下对他背后原因的理解,那么对方有可能更愿意听我们接下来的相应介绍。

还有些人直接拿自己的主见去影响对方的主见:"反正早晚都得买,干脆今天买算了。"

这些都是非常不合格的。那到底该怎么样去说呢？

我们要先了解对方说那句话的背后原因，才能够做到对症下药。

他说"我过两天再买吧"，一般背后可能有这几种情况：

第一种情况：他没有觉得这个超适合、超适配、超价值。

既然他想要一个有适配性、有价值感的东西，我们就去塑造价值，塑造利益，塑造适配性，让对方觉得我们确实站在对方的需求、对方的个性、对方的风格上给对方做分析，那么对方有可能最后还会接受我们的建议。

比如，对方刚和我们聊天的时候就谈到，家里有孩子，所以不希望甲醛超标；或者是无论甲醛达到什么程度，他都不希望用那种材料的床垫；或者不希望用哪种材料的木床。

我们了解到这个信息的时候，不妨趁他刚才说"我想过两天再买"的时候，就直接说：

"什么时候买都行。再买的时候我也希望你能够变得更专业一些。既然来了，我也给你分析几个我们行业内的专业情况。买这种低甲醛的产品，一定要注意这三点，即使未来你不在我这儿消费，你出去消费，只要记住这三点，也不容易被别人骗。因为有一些无良商家，我们不好说是哪家，但他们真的是满嘴跑火车，直接跟你说他们是低甲醛，是零甲醛的，但其实根本就做不到这种标准。你想想，价格那么低，都不够原材料成本。"

我们以这样的角度分析,就是在为对方好,是站在对方的诉求上,给对方一些相应的专业常识,是在为对方的适配性着想。

所以,塑造适配性也好,塑造价值感也好,都要让对方觉得超值,或者让对方觉得超适配,对方才有可能会回心转意。

第二种情况:他没有意识到立刻要买的必要性。

有可能是因为他真的觉得"我再过段时间再买,再看看,也许那时候再降价了呢"。

遇到这种情况,我们不妨给对方立下一些低风险的保证。

比如,现在京东经常会有这种相应的保价条款:就是当你在某个时间段下决定,那么如果未来有比这个时间段的价格还低的价格时,就直接把你曾经多交的那部分钱退给你,即退差价。我们也可以通过这种方式——给对方保价、提高保障性这类的约定,想办法使对方零风险,甚至可以跟他说:

"今天在我们这儿定完的,如果有任何后悔或者是发现后期我们卖的价格比现在还低,我们会直接退差价并且进行相关补偿的。"

我们把这些相应的东西给对方了,对方就可能会说:

"哎呀,还真是,反正早晚都得买,那既然你能够给我这样一个保障,让我能够完全零风险,那我干脆决定了,买了。"

第三种情况：他没有清楚地认识到跟你成交的必要性。

他有可能想货比三家，再去其他家比一比。在这种情况下我们如何让他不再走出去和其他家比较呢？

我们要想办法塑造自己的独特性、唯一性，甚至是一站式服务所能体现出来的便捷性，让对方既省时、省心又省钱，让对方觉得在我们这儿做完决定之后，就可以一次性解决好多不必要的麻烦。

只要我们塑造好了其中任何一点，都足够打动对方，让对方印象深刻。即使对方货比三家，别家可能比我们家便宜一点，但因为我们塑造好的那些点有可能深深地打动了对方，对方也有可能会放下那个便宜的选择来到我们家。因为对方那时候也会给自己做思想工作："反正钱差的也不太多嘛。关键是我用上这样一个更高科技的、更先进的东西，我可以用得更长久一些，或者是我可以更彻底地解决什么样的问题，而这样一种独特性还蛮符合我个性的。"

你看，他会自我说服。所以我们的领先性、独特性、唯一性一定要塑造得好，让对方知道为什么要跟你交易。

我们还可以去通过塑造一站式体验，给对方很省心的感觉。

现在的人特别怕麻烦。只要你能够降低对方的决策成本，让对方觉得，自己选了这个产品后，能减少很多不必要的麻烦，那你就有可能因为这个点抓住对方。

独特性、唯一性、领先性、一站式，掌握这四点就可以解决别人为什么向我们买产品的问题。当然别人说过两天再买，也有可能是因为刚才我们讲的第二个原因，就是他没有发现自己立刻买的必要性，在这种情况下我们要解决的就是即时诱惑，以及通过保价政策提高保障性的问题。

当然也有可能别人说过两天再买，是源于他没有感觉到产品的适配性，也没有感觉到产品的价值感，那么我们要做的就是塑造价值、塑造利益、塑造适配性，甚至是站在专业的角度，帮对方分析问题、解决问题，让对方觉得我们确实很有同理心，很为对方着想。

顾客说"我想再转转",如何轻松挽留顾客

我们在做销售的时候,会遇到这样的情况:顾客已经有购买产品的意思了,但到最后快埋单的时候,又说"我再看看其他几家再说"。遇到这种情况,如何回应才能够挽留住顾客呢?在这一节,我将给出三条有效建议,使我们能够轻松挽留客户并成交。

在讲解这三条建议之前,先跟大家分析一下什么是错误的应对方式。

有些导购遇到这种情况,就会直接这样回应:"哎呀,你到哪儿转都一样,你还不如在我们家买呢!"这种回应既苍白无力,又容易激发起客户不转几家都不甘心的逆反心理。

还有下面这种回应方式也不对。比如有些人会着急地说:

"你别转了,来我这儿,我给你便宜,给你打折。"这种回应方式固然会留下一些客户,但是这些留下的客户会变本加厉地跟我们谈判。在我们没有多少谈判空间的情况下,他还会步步紧逼,让我们的利润空间进一步降低。

所以以上两种方式都不恰当。那到底如何正确地回应呢?这里提供三条有效的建议。

第一条:询问需求法。

客户之所以说"我想再转转",一般情况下都是因为销售员没有直接抓住对方的需求点,没有给对方传递那种针对性,因而他有种不确定感,会直接说"再转转"。

针对这种情况,我们可以用询问需求法。直接问他:"您是不是对我们这款产品有什么不满意呀?有什么不满意您可以说一说。您到底想要什么,告诉我,我一定尽力帮您解决您的问题。"

他有可能会不好意思地说:"哎呀,这不是我喜欢的那种。"

那我们继续问:"那您喜欢哪种类型呢?"

这时对方就有可能跟你说了:"我喜欢那种特别时尚、特别体面的。"

当对方说出自己需求的时候,我们就可以再想办法给他推荐其他能够满足这个需求的方案了。

比如我们可以这样说:"哎呀,您早说呀,您早说我不就给你推荐这款了?我刚才以为您是想买这个经济型的。知道吗？我们公司前段时间刚刚研发出一个时尚型的产品，现在在市面上是超级畅销的。来，您过来了解一下。"

这就叫询问需求。搞清楚对方的需求点了，再有针对性地推荐。

第二条：认同引导法。

我们先针对顾客"想出去转转"的想法，表示一下认同，以换得对方好感。然后再通过引导的方法，把对方拉到对你说服他有利的赛道上。比如可以这样说：

"先生，其实去哪儿买不重要，重要的是您首先得想清楚您到底需要什么。其实我挺赞同您出去转转的，因为货比三家不吃亏嘛。但是如果您连自己到底要什么都没想清楚，就出去转，这其实更有风险呀！您想想万一出去，遇到一个不负责任的销售，也不顾您的需求，看您是个外行，想办法推荐一个您根本不需要的东西，到最后您买了的话，后悔都来不及呀！"

我们这样说，是站在对方的利益、对方的立场上替他考虑，对方也会感激我们。而且我们说得入情入理，他就更愿意把他的需求说给我们听。只要他愿意把自己的需求说给我们听，我们就可以给他推荐更有针对性的方案。

第三条：干货吸引法。

我们通过给对方介绍选择产品的方法这类干货知识，让对方觉得，我们还是蛮专业的，也能让对方觉得我们是为了他好。

比如我们可以这样说：

"先生，出去转也不急在这一时半刻。不妨让我先给您介绍一下买这类产品的小诀窍吧。其实买这类东西是很讲究的，外行转十家也难免被骗，内行转一家也就足够了。因为买这些东西不光看品牌和售后，还要看做工，要看细节，尤其是您一定要打开这东西，看它里边看不见的地方。这些是很讲究的。来，我拿我们的东西来给您示范一下。"

这个时候我们就通过边说边示范，证明了自己的价值："您看这里边，到底用什么样的工艺，这很重要。里边到底用了什么样的材料，这材料又分为几种类型，不同类型的成本都不一样哦。您看我们都是用高质量的材料，连边角都是精加工过的，用了特殊的工艺。"

我们说完诸如此类的话语之后，再跟对方说："所以呀，您就记住，您转多少家不重要啊，重要的是您要比销售员更专业，只有这样，您才不会吃亏。"

我们这样说，就给顾客一种我们是站在他的角度、为他好的感觉，同时又显示了自己的专业性，而且通过这个过程还证明了自己的产品价值。

希望这三条可以代替其他错误的回应方式，化解这类顾客的疑虑，让我们能够轻松挽回顾客并成交。

顾客说"我随便看看",如何回应才能促进成交

销售员看见顾客进店了,于是热情地迎上去,但顾客进店后却说"我随便看看",我们该怎么做才能够促进成交呢?在这一节,我将分析一下说这种话的顾客的心理,以及我们错误的应对方式和正确的应对技巧。

先分析一下说这种话的顾客心理。顾客说"我随便看看",一般存在这几种情况:

第一,他是怕我们给他制造太大的压力。他还没想做决策的时候,我们就直接站在他面前一直跟着他走,他就会有一种压迫感,而他不喜欢被压迫。

第二,他不喜欢被跟踪。他可能需要一个独立的空间,希望自己能够有更多的观察和思考。

第三，他可能心情不好，就想自己过来瞎转，不喜欢和陌生人展开那么多话题。

第四，他可能不知道自己到底喜欢什么，就是过来逛一逛、看一看，万一看到喜欢的了，也有可能在感性冲动下购买商品。

这几种情况都有可能存在，但不管哪种情况，我们都要规避错误的应对方式。比如说有些店员相对比较冷漠，有一些店员又相对太过热情，这两种应对方式都不太好。

先说冷漠型的，人家说"我随便看看"，他直接说："行，那你看吧。"然后就开始忙活自己的事了。甚至有些人连这句话都没有，甩头就直接走了。我们想想对方心理上能好受吗？对方没有得到一个热情的招待，最后即使喜欢我们家的东西，也可能因为不喜欢我们这些人而离开。

除此之外，还有一种情况就是太过热情，人家都说了"我随便看看"，他还说："没事儿，我给你介绍一下吧。反正我现在也没有别的顾客。"

这样的话就会给对方传递一种死缠烂打的感觉，很不招人喜欢。

那到底该如何正确地回应对方呢？一般情况下，我们要先认同对方的想法，然后暂时回避一下。但回避的时候不能真回避，而是假装回避。我们要想办法借回避创造沟通的机会，并且要进行良好的观察，看看他对哪个东西更感兴趣，一旦发现可沟通的信号，再借机接近对方，做进一步交流。怎么做到呢？有两招。

第一招：先接受再重点推荐。

对方说了"我随便看看"。我们就可以说："行，那您先随便看看，有喜欢的，您再叫我。"

说完这句话之后就假装要离开，对方看到我们这种姿态，很容易放松下来。当对方放松下来那一刻，我们再突然转折，杀个回马枪：

"哎，忘了告诉您，那些是我们品牌主打的产品，前段时间刚上新了几个特别流行的，非常受欢迎，您可以重点看一看。"

在对方放松的情况下，我们这样做，能够一下子就吸引住对方的注意力。

第二招：先接受再借机接近。

对方说"我随便看看"时，我们仍然也要先接受："行，那您先随便挑，有用得上的，您随时叫我，我先忙去了啊。"

接下来还是假装离开，跑到一个相对比较远的地方，用眼角的余光观察客户的动作，看看他在哪个地方停留的时间比较长，是不是在那儿翻看衣服，是不是在看产品的细节。看到有沟通信号的时候，我们就要主动创造机会，跟对方接近。比如，我们可以端杯水过去送给他，或者也可以借助理货的动作自然而然地向他靠近，与对方进行交谈："您是不是有看上的了？"或者是"您也看了几件了，有没有喜欢的？有喜欢的我可以重点给您介绍一下。"

当我们开启了这样一个话题的时候，对方既可能做出正面回应，也可能做出负面回应。正面回应就是："我看这款产品还不错。"他刚才已经在这儿花费了三分钟时间翻来覆去地看，那肯定是喜欢这款产品了。那我们应该怎样去回应他呢？一般情况下是先要赞美一下对方："您真有眼光。这款产品是我们上个月刚上的新货，特别受欢迎，我们前段时间一天就卖出了很多件。"

这样回应能先给对方创造好感，并且用从众心理引导对方进行决策：很多人买，很畅销，很受人欢迎。

接下来，我们可以再推荐对方试用商品。比如，如果是卖衣服的，就让他去试衣间试一试，最后再赞美他是怎么样适合穿这件衣服、能衬托出他哪方面的气质。

这是对方有正面反馈的时候的一种回应。那如果我们问对方有没有喜欢的，要重点给他介绍一下时，对方给出一个负面的反馈呢？比如，他说："哎呀，看了半天发现没有自己喜欢的，没有什么能让我眼前一亮的啊。"

面对这种负面反馈，我们该怎么办？这时候我们也要想办法把他拉回来，让他愿意听你进行重点介绍。针对这种情况我们可以这样说：

"我们这个店里商品太多，尤其是这段时间进货品类也相对比较多，您这一眼望去很难挑到自己真正喜欢的、适合您的。我也观察了您的条件,您不妨跟我说说您的诉求,我给您重点推荐一下,看看合不合适?最后不合适也没关系,但是您今天都跑来一趟了,也别白跑啊,对吗?"

我们这样说了之后,对方一般很难抗拒。他就会告诉我们其实他有什么样的想法。他把自己内心的真实诉求跟我们说出来,我们就可以帮对方匹配相应的产品,向其重点推荐,到最后就很有可能说服他并成交。

顾客说"这不适合我",该如何回应才能让其埋单

导购员向顾客推销产品时,会有顾客说:"这不适合我吧。"我们遇到这个问题时,到底如何说,才能够让其重新考虑、快速下单呢?下面,我将提供三条有效建议。

在讲解这三条有效建议之前,我们先说一说错误的应对方式。一种应对方式是,有些没有经过专业训练的销售,遇到这种问题会直接说:"挺适合了,我看着挺适合的,你怎么会觉得不适合呢。"

我们觉得适合也不见得人家觉得适合呀。并且我们这种说法空口无凭,没有根据,缺乏说服力。

另外一种应对方式也不恰当。直接说:"哎呀,这个东西

这样用就好了。"顾客听了会想：那难道每回我还非得这样用吗？我嫌不嫌麻烦？

所以这两种应对方式都不太恰当。比如说我们是卖衣服的，如果对方说这件衣服自己穿着有点显胖，似乎不太合适。该如何有效回应他？如果我们直接说："不显胖不显胖，你看穿着多显瘦啊。"

这是直接跟对方对着干的说法。会让对方觉得，这是你眼瞎还是我眼瞎？你当我傻吗？这种没有根据的说法是说服不了对方的。

还有一种不恰当的回应就是："这衣服你扣上这扣子就好了。"

顾客就会想：我就不想扣扣子不行吗？难道我买一件东西，还得每次都想着这样一个细节？

所以我们不能用这种错误的回应。那该如何正确地回应呢？下面是三个有效的步骤。

第一步：启发他想到自己的过往经历。
第二步：要想办法让他认识到，这是他过往习惯造成的错觉。
第三步：要让他认识到我们新方案的优势。

以下分别举例说明。假如我们是卖衣服的，对方说："啊，这件衣服我穿着有点显胖啊，是不是不适合我呀？"我们应该怎么办?

第一步,我们问他,启发他想到自己的过往经历。

"您过去是喜欢穿宽松一点的,还是喜欢穿显瘦一点的呢?"

第二步,要想办法让他认识到,这是他过往习惯造成的错觉。

无论他回答是哪种答案,我们都可以用那种难怪如此的口吻去小小地打击他一下。如果对方说自己过去喜欢穿那种紧身一点的,我们就可以说:

"哦,那就难怪了,一般情况下如果过去喜欢穿紧身一点的,第一次这样穿就会是这种感觉。这是您过去的习惯造成的,并不是真的不好看。您其实多穿穿也就习惯了。"

如果对方说自己过去喜欢穿那种宽松一点的,我们同样可以用这样的话:

"哦,原来如此,您过去习惯了穿宽松一点的,第一次这样穿您肯定不习惯,这是您过去习惯了那样所导致的,并不是这样不好看,您多穿几次就好了。"

这种回应方式简直就是万能公式。所以要先启发他想到过往的经历,再想办法去用难怪如此的口吻先行回复,接下来对方就被我们抓住了。就可以进入第三步。

第三步：展示新方案的优势。

拿出我们的新方案，用专业的口吻进行说服。利用专业的原理，并且结合对方特点，对方往往难以抗拒。比如我们可以继续跟对方说：

"您看，您身材这么好，腿这么长，其实您一直穿这种特别紧身的，就会显得身材不是那么协调，要穿这种稍微宽松一点的，就会显得身材更加匀称，人也更有活力、更稳重了。"

我们这样说完之后，对方就觉得听着好像有道理。如果对方说自己过去喜欢穿宽松一点，那我们可以这样去突出：穿瘦一点的可以怎样让人显得更有精气神儿，让肤色、身材高度显得更好，甚至色差能怎样突出气质和魅力，等等。我们总是要拿出一些相应的专业口吻让对方更愿意信服我们的新方案。

再换一个例子。比如我们是卖家具的，如果顾客说："你这个东西适合我吗？我觉得并不合适吧。"我们就可以先启发他："您过去家里经常用的家具是什么样的风格？"

对方说完了之后，我们就可以用难怪如此的语气：

"哦，那就难怪了，您过去习惯了那样，您今天都已经换房子了，仍然停留在过去的思维。其实您今天如果真把新家具放进去了之后，就会发现完全是两码事，再用原来的，您根本就看不习惯。为什么？因为您的格局已经变了。"

我们甚至可以再试问一下他们现在的这种房间到底是什么样的结构、有多少平方米、窗户到底开在哪里等。

了解完这些情况之后，就可以用更专业的口吻去说服他了：

"您看您刚才也说了，现在的房子相对更大了，还装了现代落地窗，对不对？针对现在的房间结构，您如果用原来的风格就会显得太传统了，甚至进屋后还会感觉很压抑。但是您用我们这种风格，就会显得比较明亮、宽敞，显得面积更大了，这客厅让别人一进来就觉得很敞亮。"

我们甚至可以突出怎样能显得更高端大气上档次一些。比如，用一些专业的口吻去分析我们新方案的适配性以及新方案对对方来说有哪些价值优势等。

客户对现有产品不太满意，如何让其接受

如果顾客买过此类产品，虽然不是我们家的，但他已经有了先入为主的观念，甚至过去有被骗的经历，我们该如何逐步地打消对方的疑虑，让对方购买我们的产品呢？在本节，我将提供六步逻辑，打消顾客的疑虑，让对方重新跟我们发生交易关系。

第一步，先了解对方现在用的什么方案，用的什么产品，是哪家的。

第二步，了解他当初为什么选择这家，选择这款，选择这个方案。重现他当时的初衷、诉求。

第三步，挖掘他的痛点。弄清楚他用了这个产品之后到底发现有哪些不便利的地方，还希望哪些地方有改进，觉得哪些

地方对他是重要的,等等。

第四步,让他自己说服自己。让他觉得这种改进对自己很重要、很必要,让他自我证明为什么这么重要、这么必要。

第五步,请求对方的许可。可以这样说:"如果我今天有一个新的方案,刚好能满足您想改进的诉求,并且原有的基本功能还能够保留,那您愿意了解一下吗?"这其实就是为自己的产品和方案做铺垫了。

第六步,用更多的事实证明我们的产品确实具备优点,满足对方想改进的诉求。

这六步的核心是什么?核心就是我们要把握住对方希望改进的地方。我们去塑造自己相应的差异化竞争优势,因为对方不是没用过我们此类产品,只是他用此类产品时有一些不满意的地方。所以我们要强调他不满意的那些地方,弄清楚他希望改进的欲望有多大。只要激发了他希望改进的欲望,并且我们刚好在那方面进行过改进,那么我们就更容易拿下对方。

举一个例子。第一步,假如今天有人要卖水杯给我,那就得先问我:"卢老师,您平常为了保护自己的嗓子,应该经常会喝温开水吧?"

"是的。"

"那您现在是用的什么牌子的水杯"?

"我用 A 牌子的水杯。"

"您为什么选择这款呢?"

然后是第二步：

"哎呀，当时也没太注意，就想着只要能喝上温开水就好了。因为平常喝矿泉水忽冷忽热，倒茶水啥的也不方便，当时想着能随身携带，随时喝上温开水就够了。"

这就是当时的诉求重现。

接下来是第三步，要挖掘痛点。

"卢老师，相信您也用了这水杯一段时间了。您现在作为一个商务人士，经常会出席很多商务场合，包括一些商务宴请、商务谈判、商务社交、商务演讲的场合。您的演讲更多都是偏向那些中高层，尤其是一些企业家的，给他们做分享的时候，您不觉得除了要考虑到保温，最好还能够达到某些商务目的吗？"

"哎呀，站在商务社交的角度来说，还真是得讲究讲究。如果它更时尚，让我拿出去的时候更体面，那就最好了。"

"那除此之外您还觉得哪些东西对您很重要呢？"

"这水杯，也不是随时随地都能喝上温开水，有时候倒完热水了之后，得半天才能喝，这也挺费劲的。"

这又是一个新诉求。就是希望能够随时拿起来就喝温的，那就最好了。

这是第三步，挖掘痛点，启发我说出希望有哪些改进。

第四步，是让我自己再加强一下，自己想改进的诉求和欲望。

"为什么这两种改进对您这么重要呢？"

"社交场合,男人要讲面子。尤其是这种商务场合,如果你拿了一个破破烂烂的水杯,就会让别人觉得不像那么回事。"

这是提到的第一个原因。

第二点就是为什么想随时随地能喝温开水。

"因为这个水杯总是要花更长的时间,让水从100摄氏度冷却下来。谁总有那么多时间呀。如果想喝就能喝上温度适宜的水,那是最好的。最好能够自动控制温度,加热到100摄氏度之后还能够瞬间降到45摄氏度。"

这是又重新塑造了一下自己想改进的欲望。

第五步,就这样说:

"卢老师,那如果我今天有一个方案,刚好能满足您这两个改进的诉求,并且您原来想平时喝温开水保护嗓子的基本诉求都能满足,您想了解一下吗?"

这样我当然想了解一下了。

接下来是第六步,开始用各种事实去证明:我们这款水杯是能够加热的,随时插电加热,加热完了之后十分钟之内就可以降到45摄氏度。并且它是恒温杯,是怎么样的一种工艺设计,曾经是什么样的设计大师设计的,造型非常经典的,特别适合商务社交场合。

这样用更多的事实证明了之后,我当时可能就会心动了。

客户拖欠尾款怎么办

在销售中,客户拖欠尾款的事较常出现,该怎么办呢?在这一节,我给你提供五招(见图3-1),让你轻松摆脱一直收不回尾款的焦虑。

图 3-1 应对客户拖欠尾款的五招

第一招：摸清拖欠者的底细。

我们首先要搞清楚客户为什么会拖欠，背后的原因、背景是什么。是无钱可付，还是有钱不付，或是在挑供应商去付。不同的背景，我们的针对方案是不一样的。

如果是无钱可付，我们就不能太着急了，我们需要查清楚到底还有哪些关键人物留存，这些关键人物还有哪些关联关系以及关联痛点，他在意哪些人，在意哪些事等。我们可以通过他在意的这些人和事去找他的痛点，想办法给他施压。

如果是有钱不付，我们就要搞清楚他为什么不付，这钱到底卡在哪里，关键人物是谁，关键原因到底是什么。当然，一般情况下，为了了解这些背后的原因，需要去找门路，比如通过他们企业内部的一些能够介绍实情的人，或者通过行业内的前辈，帮我们去了解一下内情。当我们了解了内情，我们的针对性方案才会起效。

第二招：聚焦关键人物。

聚焦关键人物，我们需要搞清楚这钱到底卡在哪些关键人物手里，卡在哪些关键环节，卡在哪些关键部门。擒贼先擒王，否则的话，仅跟业务对接人在那儿磨，磨到最后也要不回我们想要的款项。因为，业务对接人一是没有决策权，二是他也不明白拖欠理由及背后的本质问题到底是什么。

所以，我们要想办法抓住关键人物，聚焦关键人物，搞清楚关键人物的脉络关系。比如他对谁负责，他有哪些关联关系,他有哪些岗位职责,他的上下游需要协同的有哪些。这些我们梳理清楚了,就可以用以反制他。因为,有可能在某些关键节点,我们手上正好有解决问题的手段。

比如,他关键零部件的供应方,正好是我们的一个合作伙伴,并且这个合作伙伴特别依赖我们公司的业务,那么,我们是不是可以通过这一点去反制他呢?他只要拖欠尾款,我们就可以在这方面做做文章。

当然,为了找到关键人物,还是需要找熟人、找前辈等。

第三招:明确拖欠的后果。

我们要从四个维度与客户明确拖欠的后果(见图3-2)。

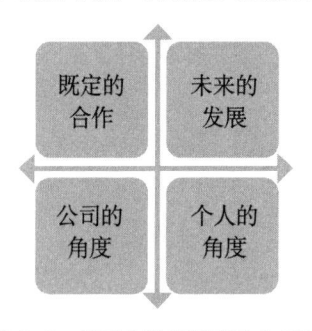

图3-2 从四个维度明确拖欠后果

(1)从眼前既定的合作上,可以告诉客户,如果拖欠,会使我们很多既定的事情不好往下贯彻。比如,签下的订单就很难出货了。

(2)明确未来继续合作的障碍性。客户如果拖欠,会影响我们未来的持续合作。

（3）站在公司的角度。比如告诉他，这件事对整个公司会有什么样的影响，甚至未来对公司的品牌和公司员工的稳定性等都会有影响。

（4）站在个人的角度。我们可以和客户这样描述："如果你不能够按咱们之前的约定履行合同的话，到最后这件事情反映到咱们行业的商会那里，或者是你们公司的董事长那里，让你们董事长因这件事，以后在整个行业都不好立足，这对你个人也不会是一件好事。"

总之，我们要和客户说明，我们不希望这件事发生，相信客户也不希望它发生，但如果一直这样拖下去的话，最后有可能会造成既定的合作受到一定的影响，比如我们未来的合作受到什么样的影响，公司的层面会受到什么影响，个人的职业生涯会受到什么样的影响，等等。

第四招：明确我们的个人难处。

这么和客户说："如果我是整个公司的总决策人的话，我当然不必这么着急，但是今天这件事，跟好几个相关部门都有关联，而我就是个打工的，这件事涉及整个项目部的奖金问题，涉及整个销售部业绩达成问题，涉及我们公司的奖惩制度的问题，如果今天你还是这样一直拖的话，就会造成我本月又拿不到奖金。我上个月就没有拿到奖金，如果这个月还拿不到奖金，我都不知道生活怎么过。并且，这件事对年终奖有很大影响。"

我们这样和客户说明我们的处境有多么不容易，在公司多不受老板待见，多不受项目部待见，甚至经常被自己的销售经理批评，在公司活得非常压抑，快受不了了，等等。

这就是给客户明确我们的个人难处，表示自己实在没办法，如果再这样一直拖下去的话，只能去他们公司上班了。这样会让客户担心，我们一个大活人天天去他们那儿闹腾，他也会受不了。

第五招：唱好红黑脸。

我们要和客户提到，之前在整个项目合作过程中，客户提出需要我们协助的，我们都额外地给他做了。比如技术总监给他帮忙了，帮他找到了相应的行业专家，给他提出了相应的指导建议，等等。

和客户表明，之前他提出的任何问题，我们能满足并且都额外地满足他了，哪怕是我们自己垫钱也给办到了。现在，我们也需要他来理解我们，支持我们，让他知道感恩图报。

这就是唱好红黑脸。甚至有些时候我们和他说得比较严重，比如"我实在没办法了，我只能去你公司上班了，我们公司有追款流程。标准流程是，第一步发催款函，如果你不回复的话，第二步我们就只能每天赖在你们公司，第三步就是报警，第四步是走法律程序。我没有办法啊，你不要以为这是我自己情愿的，我现在也是被逼得没有办法。你想想我们整个项目部，这一个月那么忙，到现在还毫无业绩，年终奖也都没了，你想想那些人得多恨我。"

我们把自己描述得特别委屈、特别无奈、特别没办法，甚至该凶的时候我们就凶起来。同时也和客户反复说明，想想之前需要我们帮助的时候，我们一个一个都给帮了，这样激发他的愧疚感。

我们还可以在放下他的电话之后，让曾经帮过他的技术总监、专家或者领导给他打个电话安抚一下，帮你圆圆场："我们那小王啊，就是说话不太好听，可能最近情绪不好，一直拿不到钱，各个部门都抱怨他，确实也不容易。咱们这么多年的合作关系了，我相信你肯定会付款的，只是这次拖的时间稍微有点长，我相信你肯定能补上。"

应对客户拖欠尾款，我们通过这五招，比较容易让对方有压力。让我们来总结回顾一下：

第一招：摸清拖欠底细。搞清楚对方为什么会拖欠，背后的原因是什么，搞清楚了，我们才能够对症下药。

第二招：聚焦关键人物。擒贼先擒王，千万不要在无作用的人身上浪费太多的时间。

第三招：明确拖欠后果。我们可以用既定的、未来的、公司的、个人的四个维度去明确拖欠的后果。

第四招：明确自身的难处。表明我们自己也没有办法，无论做出任何事情，都是为了要有一个结果，要有一个交代。

第五招：唱好红黑脸。不仅要表现出自己的怒气，还要让对方认识到有危险、有隐患，要激发对方的愧疚感，同时要想办法借力他人做好红脸，一边发怒一边安抚。

当然，如果遇到那些无赖客户，我们要留存所有的证据，该走法律途径的就走法律途径。

4 心理引导，跳出价格战的无效陷阱

给顾客报完价之后,他就不回话了,该怎么办

给客户报完价,但客户不回复,该怎么办?别着急,越是在这种时候,我们越需要定力。在本节,我教你三个步骤,解决这个问题。

第一步,分析客户。

分析客户就是先把客户分类,以区分是值得重点跟进的大客户,还是值得维护的普通客户,或者是需要放弃的劣质客户。分类清楚了,对策自然也就清晰了。

第二步,推测原因。

推测原因就是把我们接触客户的来龙去脉、整个过程好好回顾一番,看看到底哪些方面做得到位,哪些地方做得不太到位,

哪些地方可能引起了对方的猜疑，造成了一定的误会，等等。

我们推测到原因之后，才好进一步跟对方接触。

我们不要太先入为主地认为客户不回复就是受到了其他方面的干扰，越是这样，就越容易给别人留下一种"输不起"或"急了"的印象。越是这样的话，客户就越有谈判的筹码。

所以，不着急。

第三步，制定对策。

制定对策就是我们要针对相应的原因，针对与客户接触过程中了解的情况制定对策。

比如我们了解到，和我们接触的这个人在客户那里不是能做决策的角色，或者他很容易受其他人物的影响，而这个人物我们接触过，比较易于说服。我们了解了这些情况，找到相应的原因，自然也就更容易对症下药、解决问题了。

客户的三种分类及不同的应对方法。

分析客户要先将客户分类，客户怎么分类呢？下面具体拆解一下。

客户可以分为三类，第一类是大客户，第二类是普通客户，第三类是劣质客户（见图4-1）。

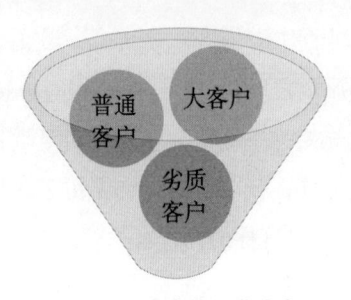

图 4–1　客户的三种分类

第一类，大客户。

大客户当然要重点跟进，在大客户不回复的时候，我们要向他们及时更新我们公司的新动态（比如价格调整、目前市场行情的分析等）。同时，也可以给他们推荐一些相应的政策趋势分析、客群的采购情况等。

为什么这么做呢？因为我们给大客户展示这些情况，其实是让他们更了解我们，从而让他们更精准地做好决策。尤其是面对企业客户、机构客户而不是散户的时候，我们更要给他们提供更多的数据参考。

当然，针对散户，有时候也要给他们剧透这方面的信息。比如卖房，已经带客户看过房子了，他也挑不出太大的毛病，给他报完价之后，他迟迟不回复。这时，我们不妨给他继续更新一些房源紧张的信息，比如这个房子被多少人看过，房主的意向变更的情况等。甚至给他一些更开放的信息，比如目前房地产市场的趋势分析和相应的市场动态。当这些信息给到位的时候，他们会通过我们给出的信息，决定下一步该怎么办。

这叫数据参考，无论是面对企业客户还是针对散户，这样都能驱动客户更精准地决策。

第二类，普通客户。

普通客户是值得维护的类型，我们需要关注他们的社交圈，关注他们生活状态的变化。比如他平常更新状态，可以去点个赞，评论一下，通过对他们日常生活的了解，更精准地把握他们的心情。尤其是通过他们的朋友圈动态判断他们的情况，觉得他应该心情不错的时候，可以跟对方用微信或电话进一步沟通。

这是应对普通客户的维护方法。

第三类，劣质客户。

对劣质客户，有些时候我们就不值得花费那么多时间了。因为，同样的时间花在普通客户或大客户身上，会让我们得到更多。

接下来谈一谈制定相应的对策。在我们与客户接触中了解了项目的来龙去脉，分析了哪些地方可能做得不是特别到位，哪些地方可能会引起对方误解甚至猜疑之后，我们可以进一步给客户展示相应的客户见证及一些相应的事实或权威见证，以增强他们对我们的信心，化解他们曾经对我们的疑虑。

除此之外，这里送给大家常用的跟进客户、激活客户的三小招（见图4-2）。

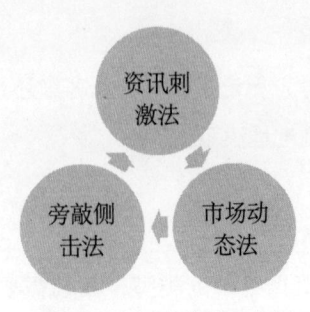

图 4-2 激活客户的三小招

第一招：资讯刺激法。

为了让客户和我们搭上话，我们可以发起一个有可能激起他们兴趣或好奇心的话题。比如说，最近收到一个特别有意思的投诉，跟上次您关心的问题相关，您想了解一下吗？您感兴趣吗？

我们发送任何信息给客户，都只是一个试探，是为了激发他和我们产生互动，产生沟通，实现沟通的目的。只有沟通起来，才有慢慢渗透和继续成交的机会。

第二招：市场动态法。

我们可以给客户发一个信息，告知他最近听到的新闻，比如新政策的趋势调整，集团的内部消息，或者是总部新近的市场变革计划等。

我们发的这些提醒，很容易刺激到客户，他一般会问到底会怎么去调整。只要客户跟我们搭上了话，我们就有机会把握对方心理，也就有机会去向他渗透最后的成交思路。

第三招：旁敲侧击法。

我们通过对方公司的社交媒体，与他们公司员工或者他们公司同事的周围好友取得联系，通过旁敲侧击的方法，了解客户的所思所想。

如果这个客户，本身是一个企业客户，我们就要通过这种旁敲侧击的方法，去了解他们公司当时为什么要做这样的决策，为什么要寻求这样的方案，当时做这决策的背景是什么，是为了解决什么样的危机，是为了抗衡什么样的对手，等等。

当我们这方面了解得越清楚，就越能有针对性地去拿下这个企业客户。对于散户也同样可以做这样的工作。如果我们有机会接触他的圈层，或者通过他的社交媒体去接触他周边的朋友，那么我们就可以通过他的圈层，他周边的朋友甚至他的邻居去了解他到底是怎么回事，出于什么样的背景而不回复，这样，就可以更有针对性地去"拿下"他。

无论是分析客户、推测原因还是制定对策、给出一个具体方案，我们先要解决的是与客户沟通这个关键问题。

不管是资讯刺激法、市场动态法，还是旁敲侧击法，我们都是为了创造一个与客户对话的机会，让客户跟我们对话，跟我们沟通，跟我们互动起来。如果有条件的话，最好跟客户见面，在见面的情况下，更容易了解他的真实心理，听到他的真心话，了解问题的真实背景和原因，这样我们才能够对症下药，彻底解决他的疑虑。

顾客想以之前的优惠价购买，如何回应才是正确的

如果顾客想以以前的活动优惠价购买，我们该怎么回应才能让他舒服地接受当前价格而不影响大局呢？

我们首先分析一下错误的应对方式。一种回应是，有些没有经过专业训练的销售员，可能直接回绝了对方："哎哟，这是之前的活动价，现在已经结束了，不好意思。"

这样就会伤害到对方。对方已经提出了自己的诉求，我们首先要表示一下理解认同，多多少少要让对方能够得到些实惠，否则对方占不到任何便宜，还被这样直接拒绝，有可能就再也不买了。

另外一种回应也不恰当。就是直接说："行，那就按以前活动优惠价吧！"这样的回答会让顾客觉得，我们的利润空间

很大,怀疑其中有猫腻,平常的促销也不见得真的是促销,随时随地都能够按促销价。所以也会让别人觉得我们不靠谱。

那么我们该如何正确地回应呢?下面给你介绍两招。

第一招:请示领导要求回报。

我们不能擅自做主给对方优惠价,要想办法绕一下。不仅给对方更合理的感觉,同时也给对方更受重视的感觉。可以跟对方说:"这样吧,我看得出来你也挺喜欢的,我请示一下领导,争取给你来个优惠,能按之前的,就尽量按之前的,我也想让你更省钱。"

我们在请示领导之前,想办法再要一个他的承诺:"我想确认一下,你确实喜欢吗?确实想要吗?你别在我请示完领导了之后又不想要了。"

他很有可能会说"我肯定想要,你帮我申请一下吧"。

只要对方给我们说这些话,我们就已经离成交不远了。接下来我们可以"失踪"几分钟,一会儿回来告诉他好消息,跟他说,领导说了,并不是不可以按之前的优惠价卖,但是有一个前提条件,你得帮我们做一件事。

对方就很好奇了:"需要我做什么呢?你说,只要我能办到的。"

"帮我们推荐三个顾客。把他们的联系方式给我们。我们当然不会骚扰你的朋友,我们只会把这种特惠信息发给他们,或者是我们给你一个链接,让你去发给他们,这样的话,你也能有面子，你看行吗？"

我们可以给对方按以前的活动优惠价，但是我们必须要条件。不要条件的让步只会让对方步步紧逼，也会让对方的获得感没有那么强烈。想办法问对方要条件，才会让对方觉得争取得来之不易，使他有一种赢的感觉。

第二招：于公坚定，于私人情。

我们要让他知道公司在制度上、现行的价格体系上，谁也不能改价，把总经理叫过来都没戏。然后再想办法拉他去一边儿，私底下卖他个人情，让他觉得这个人够意思，对他真好。我们可以跟他说："公司现在这种制度确实很严谨，整个公司都是统一价，如果谁乱了这个市场，都有可能受到很严厉的处罚。你也别说了，你今天先订完，我承诺到时候我把我的奖金给你。"

这样跟对方说完之后，我们也有私下帮助他的合理性了，对方得到我们个人的恩惠，也就会帮我们推荐一些其他的客户了。

顾客说"手头紧",该怎么应对才能让他下定决心购买

顾客说自己手头紧,遇到这种情况该如何有效回应才能促成交易呢?

有些没有经过专业训练的销售,就会开始给顾客推荐低价产品。这并不是一个可取的办法,因为顾客这样说,有可能是虽然想买,但只是想更便宜点,这是他的初衷。如果直接给他推荐低价产品,既没有符合他的初衷,又会让他有种"狗眼看人低"的感觉,会让他觉得我们是嫌他买不起贵的,所以直接推荐便宜的。这样,他心里肯定不爽。

那么,到底该如何有效回应呢?首先,我们要分清他到底是真的手头紧还是假的手头紧,是真的超出了他的预算还是嫌贵。

在本节，我为大家提供五个应对顾客嫌贵的方法（见图4-3），以及一个真正超出顾客预算的应对方法。

图 4-3　应对顾客嫌贵的五个方法

（金主捧杀法、激发欲望法、利弊分析法、紧迫驱动法、索要承诺法）

第一个方法：金主捧杀法。

如果顾客身上穿戴得比较好，开的车比较名贵，或者背的是名贵包，我们可以直接半开玩笑地说："你这种有钱人还说自己手头紧，让我们这些打工仔怎么办啊？！你说你戴这种手表还说自己手头紧，这不是开国际玩笑吗？这一块手表也得两三万吧？"

这样的话满足了顾客的虚荣心，顾客被捧起来了，再劝说就变得很轻松。可以接着说："您当大老板了还说自己手头紧，别跟我开玩笑了，我还是给你包起来吧。"

顾客被我们捧起来之后，就不太容易再否定我们，阻止我们了。

第二个方法：激发欲望法。

我们要激发顾客真的想买的欲望，只要他真的想买，下定决心一定要买，不得不买，他自己会想办法找钱，甚至借钱来买。

所以，遇到顾客说最近手头紧，我们可以这么说："听到你这个问题，我真替你感到遗憾。因为我能感受到，这个问题并不是你真正的问题，你的真正问题并不是手头紧，而是你的决心还不够。你并不清楚你为什么一定要买它，为什么你一定要解决这个问题。说实话，手头紧的或者情况比你糟的，我见得多了，我们公司曾经有一个情况根本没法跟你比的客户，当时人家意识到必须解决这个问题时，他借钱解决了。后来他成为我们公司遇到过的改变最快的人，后来也成为我们的忠诚顾客。"

我们给他讲一个这样的故事，讲得饱满一些，圆润一些，讲完了之后他从故事里就能明白自己也要下定决心。只要顾客下定决心就会打电话找钱。

所以，我们要把顾客的问题反转成，你真正的问题不是钱不足而是决心不足。

第三个方法：利弊分析法。

我们帮他分析当下决定的好处，以及他未来再决定有可能会造成额外的损失或者付出更大的代价，这就叫利弊分析法。

比如可以这样说："你今天光想你花多少钱了，你就没算过你用上它之后到底能给你省多少钱、赚多少钱。你没算过这笔账难怪会犹豫不决呀。你有没有想过用上它之后，就可以少买一个什么样的东西，或者不买什么服务了，这些是不是省下来的钱？你有一个健康的体魄后，体格更好了，精气神更旺了，是不是就可以做更多工作，甚至少去几趟医院、少买些药、少花些住院费。这些少花的算下来，一年少花多少，那十年少花的更多。你有这么好的精气神，少说你也应该多赚1000元钱吧，一年又是多赚多少，那十年又是多赚多少？"

这就是利弊分析。给顾客算账，让顾客意识到他拿下这东西之后，能帮他省多少、赚多少。

当然，我们还可以再用他未来才做决策的弊端去刺激一下他："你有没有想过，你要是错过眼前的机会，你身边的很多朋友，就都追上你了，包括你的竞争对手。你再努力赚钱也赶不上他们了。等到未来有一天你终于想明白了，你羡慕他们，终于决定要改变了，那时候又涨价了，你是不是又要付出更大的代价呢？更重要的是，这段时间你又损失了多少啊，你有没有算过这笔账？"

第四个方法：紧迫驱动法。

我们要给顾客制造一个时不我待的紧迫感，让他没那么多工夫去思考、去分析、去权衡。

比如，老顾客过来试穿了一件衣服，最后一看标签，价格挺贵，直接就说最近手头紧。我们该怎么回应呢？可以直接这样问："王姐，我就不明白了，你今天穿这件衣服这么合适,这么喜欢,这么时尚,这么好看,刚好又赶上我们公司大促销的活动,你为什么还要等呢?我明确地告诉你,这是我们今年力度最大的一次促销了,今天你还要等的话,别说等到下月,下周都没戏,这件衣服本周有可能就被别人抢没了,等那时候你后悔都来不及呀。所以王姐,你就告诉我,你是不是真喜欢?穿上是不是挺合适?算了算了,别说别的了,我直接给你收起来吧。"

第五个方法:索要承诺法。

我们先要到顾客的购买承诺,再用请示上级的口吻来锁定交易。

我们可以这样说:"看得出来,你是真心喜欢这双鞋呀,如果你真的喜欢,真的想要,这样,要不我帮你请示一下我们上级,看看能不能享受一下我们前段时间的折扣活动,让你更省钱,缓解一下你现在的压力。不过,在我请示上级之前,我还要确认一下,你是真心想要吗?"

只要顾客有"真心想要"这句话,我们随便"失踪"个五分钟,再回来告诉他一个惊喜消息就可以了。

顾客说那句话其实就是想更便宜、更划算地购买而已,所以我们用请示上级的方式先要到他的一个承诺。"你是真心想要吗?你是真喜欢吗?你不会让我请示完上级之后又不买了吧?"我们提前问清楚,顾客只要答应,基本上最后成交就是顺理成章的事了。

另外,再为大家提供一个应对超过顾客预算的建议。

如果顾客不是故意搪塞,只是因为我们的价格确实超出了他的预算,但我们还想挽留住对方成交,怎么办呢?

在这种情况下适合推荐低价位的产品,但是口吻一定要讲究,千万不要给顾客一种我们瞧不起他,直接给他推荐更便宜的产品的感觉。我们要本着顾客的需求,理解认同和接受,想办法推荐更适合他的产品。要永远站在顾客的角度,给顾客进行优质推荐。

我们可以这样说:"你这样说我完全能理解,谁没有手头紧的时候啊,如果你今天不想消费这个更贵的产品的话,那么我们也可以有一些基本功能都非常齐全,更重要的是价格又相对比较合适的产品,你不妨过来看一看,试一试,体验一下。"

我们拉着顾客过来体验,观察我们的产品,把那些用得着的功能展示给他们,也可以再说一说"其实有些华贵的产品,它的一些功能可能你还用不到。这款产品完全适合你,绝对没问题"之类的话。

这就是针对顾客真的超出预算的一种推荐方式,给顾客一种认同和理解他的处境,能站在他的角度给他推荐更适合的产品的感觉。

顾客说"你家东西太贵了",如何让顾客觉得物超所值

销售最常遇到的问题就是,顾客蛮喜欢你的产品,来回看了几遍,但是到我们让他埋单时,顾客却说:"你家东西太贵了!"

碰到这种情况,我们该怎么办?我们到底该如何回应才能让他觉得产品超值,迫不及待地埋单呢?这里介绍三招解决顾客嫌产品贵不埋单的难题。

第一招:认同,引导法。

我们先要认同对方觉得贵的合理性,才能够引导对方认识到贵有贵的道理。顾客未必真的觉得贵,而是觉得不值。只要顾客觉得值,他自然就不觉得贵。要创造一个让他觉得产品有价值的机会。

但是我们想创造这个机会，首先要先认同对方，让对方想听我们的话。

如果对方说产品太贵了，我们可以这样回应："你说得太对了，一听就是对我们整个行业及此类产品都有过调研的人，你绝对有这方面的话语权。"

先讲些这样的话，认同对方了，再模拟对方的心情："当时第一次接触那产品的时候，我也觉得特别贵，对它挺没信心的，包括我很多的朋友、很多客户都反映，他们也觉得它特别贵。但后来不仅我专门做了这项产品的代理，我的朋友和顾客也专门向我采购，用完之后甚至还向周围的亲朋好友推荐，通过他们的口口相传，产品的好口碑就建立了。因为他们经常帮我宣传，以至于我多次在公司里销售额排名前列，还拿过销售冠军呢！"

我们说完了这些，就直接问："你想知道为什么大家都帮我们宣传吗？"

我们留了这样一个疑问，对方就肯定很好奇：那到底是什么原因让这个产品有这么好的口碑呢？到底为什么原来觉得贵的人专门付费成为代理呢？为什么那些开始觉得贵的客户后来还不断采购？

他想了解这个产品背后的逻辑和价值，他有好奇心，你就有了证明这个产品价值的机会。这个时候，你就可以做更详细的介绍了。

如果对方抱怨太贵了，你直接回应他说：

"不会不会，你知道为什么不会吗？我们用什么材料、供应经过多少道工序……"这样的对话没有用！你说这些话对方听不进去！

我们要引起对方的好奇，当对方想听的时候再做深度说服，才有证明价值的机会。

当对方想听的时候，我们才能够去说："哎呀，我们这款产品质量非常好，做工精细，这方面的功能性更强，我们耐用性更久，我们有多种功能。如果你买回去就可以不用再买其他产品了，因为这些功能我们的产品全都有了，实际上让你少花很多冤枉钱。"

我们这样证明，顾客才能认识到产品的价值所在，自然不会觉得贵。顾客认识到产品的多功能、性价比、耐用性之后，才有可能采纳你的主张。

第二招：情景制约法。

我们要善于讲故事。

在对方说我们产品贵之前或者说我们产品贵之后，可以举一个跟他相似的例子，用来说明用了我们家产品，会给他带来非常明显的变化。也可以讲一个他比较尊敬、比较崇拜的偶像的故事，因为他最容易受这类人的影响。

没有故事的话，你说得再好，对方也可能听不进去。但是如果能给他举出例子，这些例子仿佛就是他身边人的例子，他往往就更容易相信。尤其是那些跟他相似的人，或者是原来不如他，但使用我们的产品之后发生了翻天覆地变化的人，通过这些人的例子，会让顾客觉得用上之后自己也会变得更好。

所以我们可以直接给对方讲个大明星或者身边的故事。

比如，我们可以说："我们曾经遇到过一个跟您从事同样职业的人，那人当时第一次接触也带着质疑。我们当时承诺，如果没有效果就全额退款，他才愿意尝试一下。一开始他仍然有很深的质疑，但是我们鼓励他坚持用一段时间，第一个疗程结束，就有了明显的效果。到后面再过第二个疗程、第三个疗程，他的问题就彻底解决了。他还专门给我写了见证，你看这是当时他写的感谢信，还有给我送的锦旗。感谢信中还提到他曾经在其他地方走了多少弯路，花了多少冤枉钱，到了我这儿，一次性就解决了这些难题。"

这种例子可以让对方更有身临其境的感觉。因为客户能够从例子中的人的改变看到自己改变的可能性。

第三招：数学计算法。

我们要善用数学计算塑造价值的方法，让对方认识到我们产品的价值。

比如，我们可以说："我这东西啊，你会发现其实跟其他同类产品相比，它最经久耐用了！我们曾经有一个客户到现在为止都用了三年了，跟原来刚用的时候相比也没有什么变化。我们的产品，至少都能用上十年，你可以算一下，十年下来，你每天平均付出的代价才几毛钱，甚至几分钱，但是你却得到了很多好处，对吧？"

让顾客意识到用上它之后会为他解决什么样的麻烦。那个麻烦，虽然他现在没有，可能未来有。

比如说因没有用某款产品而得病了，就要付很多医药费、住院费、手术费等。我们要想办法帮他分析，如果他没有采取这个措施，没有采纳这个意见，他未来有可能会产生多大的痛苦、多大的麻烦，付出多大的代价。

这也叫塑造价值的反向受到法。比如，我们可以说："如果用上我们的产品，有了好的效果，生活更方便，身体各方面机能也都好了，精神头儿也好啊，就能多做一些事，多赚点钱，甚至是让自己可以多兼顾些事情，这样是不是又可以创造更多维度的价值呢？"

或者，我们还可以这样说："你今天学完了，我们学到课程方法后多赚500元没有问题吧，那一年就是多赚6 000元钱。假如我用上十年，把方法用了十年，那就是6 000×10，就是多赚6万元钱。那你要是把我们整套系统全部学完了呢，那就是再乘多少倍呢？"

这就叫塑造价值，用数学计算法塑造他的获得感，让顾客认识到不做决定他可能会有的损失。

这就是我们在遇到客户说产品太贵时，可以让对方觉得不太贵、更容易接受的三招。

顾客问"最低多少钱",如何回应能让他感觉超值

在销售过程中,如果遇到客户问"最低多少钱",尤其是那些还没了解你的产品,还略带情绪的客户:"您甭跟我说那么多,您就说这最低多少钱能卖吧?"这种情况到底该如何有效回应呢?

大部分商家在这种情况下都会选择妥协退让,直接就让价了:"那就再便宜20元钱吧!"

或者是刚才谈的还是180元,现在直接就是:"那最低150元,不能再少了。"

其实这就是一个不会谈判的姿态。因为我们这样说了之后,只要他需要,他还会步步紧逼。

真正会谈判的人,会意识到,客户问出这个问题,证明他

对产品感兴趣。客户往往在意价格，但我们不能老在价格上跟对方恋战，我们要在价值上不断地证明我们产品的适用性以及超值感。甚至让对方意识到他用上我们家产品之后，他未来会拥有很多的优越性。这才是我们的主要工作，不要在价格上直接给对方回应，也不要在价格上跟对方恋战，因为恋战的最后结果一定是对商家不利的。

那我们到底该怎么做呢？我们要争取一个机会让对方可以听我们介绍产品的价值。

那怎么争取机会呢？我们要跟对方提出："价格虽然很重要，但更重要的是这些东西适不适合你。如果不适合你，多花一毛钱都浪费，只有在适合你的情况下，才能谈它到底值不值的问题呀。"

我们这样说就会让对方有拨云见日之感，从而更容易决策，并且也更有利于我们去证明产品的适用性、价值感以及优越性。

比如，我们是一个卖家具的，有一个顾客看上我们家具了，上来直接问："这家具最低多少钱呢？"

遇到这种问题，我们有两招。

第一招：做调研式提问。

不正面回应多少钱的问题，要先问他："先生，您用它做什么啊？您放在什么样的场景里呀，是家用还是办公啊？您家里到底多少人呢？空间怎么样啊？"

上述提问，通过一系列相对比较专业的问题，就会带着对方走，直接把对方带进利于我们说服对方的赛道。因为对方的注意力已经被我们影响了，我们做深度说服工作更有机会了。

第二招：不直接回应价格问题。

不直接回应价格问题，而是把对方引导到价值的探寻上。

比如可以这样说："先生，价格固然是一方面，但更重要的是你用一款家具，少说也得用上十年呀，所以还是先了解一下比较好，我花两三分钟就可以完整地给你介绍一下，您再做决定也为时不晚。如果有些销售员三言两语就给你讲完了，就让你做决定，你不怕买了之后会后悔吗？你买回家如果不适用了，他还能给你退钱吗？"

他一听，是这个道理呀："那你给我介绍介绍吧。"

这时我们不就有机会去证明这款产品的价值，去证明这款产品的适用性以及匹配性、优越性了吗？

所以，我们不要着急去回答对方关心价格的问题。我们要么通过问问题的形式，把对方带到利于说服的赛道，要么把对方带到我们证明产品价值的赛道。

顾客说"我怕买亏了",如何让他打消顾虑,快速签单

在客户快要成交的阶段,经常会因为担心损失等各方面的顾虑,而没有跟我们完成交易。在那一刻如果我们不进一步说服他的话,他就可能一走了之,再也不跟我们交易了。因为一旦错过时机,受到别人干扰,或者是时间长了、热情冷却了,他就再也不会跟我们发生交易了。那我们在那一刻到底要怎么说、怎么做才能够挽留住对方的心,打消对方的顾虑,让对方重新与我们交易呢?在这一节,我为你提供四个方法。

第一个方法:反制自我的约束型文件。

我们要对自己够狠,愿意为对方做补充说明,甚至是将口头担保改为立字为证。提供了这样一种约束型文件,就会让对

方看到我们足够坚定，觉得我们一定能帮到对方，对方就会对我们充满信心。因为他有实实在在可以约束我们的东西。

我们在跟他签合同的时候，在补充说明上，再补充一些相应的条款，那些条款都是站在对方角度去约束我们的，这样，对方心里就会踏实很多，他就不会有那么多的顾虑了。

所以，如果我们对自己的产品、服务、方案绝对有信心，我们为什么不敢进一步提供一份书面保证呢？这就是给对方安全感的一种方式，即反制自我的约束型文件。

第二个方法：出其不意的自残式表态。

我们把所有的压力都自己承担下来，给对方一个承诺，给对方立一个决心，甚至当着公众的面保证，如果达不到什么样的效果，我们一定会全额退款。甚至我们在推广的时候，愿意跟大家公开地说："大家不妨拿出录音机，拿出录像机，把我接下来的承诺直接录下来，如果最后我不能兑现的话，我愿意全额退款。"

我们能拿出来这样一个自残式的表态，那人家肯定会更容易相信我们。这是我们对自己的产品足够有信心的情况下，可以做的出其不意的自残式表态。我们要知道，能否影响他人，50%以上取决于我们的状态，如果我们一直是那种绝对有信心、绝对有决心、一定要帮对方把问题解决了的状态，对方一定会被我们影响。

第三个方法：利益绑定式的共同体说明。

我们要拿出一套逻辑清晰的说服思路，让对方意识到我们和他是同一根绳上的蚂蚱，出了问题谁都跑不了，甚至我们作为销售，比他作为消费者会承担更严重的后果。对方听明白这个逻辑思路之后，自然就会比较放心。

举个例子，一个在网上有400多万粉丝的人，如果他今天要推荐任何一个东西给你的话，他一定会慎之又慎。他会在不断地严审后，觉得不会破坏自己品牌，甚至卖给你产品之后会对他的品牌起到增值效果，他才会给你推荐。这就是一种利益共同体的说明。这会让你意识到，如果这些东西不好，对他品牌的影响，远远大过对你的影响。这样的话你就会比较容易接受他对你的推荐。

第四个方法：愿担惩罚的无风险承诺。

我们通过零风险，甚至补贴机制的设置，让对方意识到，买了我们这个产品，他在一段时间内是可退的，是对他无害的，他只需一个尝试心理就可以介入这个产品的深度体验里，而且如果有任何的不满意，在一定时间内符合一定条件，他就可以无条件退款，并且在满足某些条件的情况下，他甚至可以申请额外补偿。这样让对方产生非常强的安全感，他就没有不作决定的理由，因为对他没有任何的坏处。这就像在网上购物时，在一些特定时间之内购买某些产品，可以申请的保价承诺。如果你后来发现这个产品又降价了，比这个特惠期的价格还便宜,你就可以去申请相应的补偿。从而让人特别容易下决心在这段时间去消费。

这就是跟大家说的在快要跟客户签单的时候客户害怕损失,有各种疑虑,我们如何快速打消对方的疑虑,让对方快速签单的四个方法:

第一个方法是反制自我的约束型文件;

第二个方法是出其不意的自残式表态;

第三个方法是利益绑定的共同体说明;

第四个方法是愿担惩罚的无风险承诺。

上面这四个方法哪怕只用了其中一个,我们就能给对方充分的安全感,让对方敢于下决定。

顾客不断砍价,如何不让步还能成交

在销售工作中,难免会遇到一进店就问底价的顾客。这种时候,我们该如何在不用让步的情况下,仍能促成最后的交易呢?在这一节,我将提供两招,帮大家解决这个难题。

在介绍这两招之前,我们还要了解一下目前市场环境和用户的变化。

都说目前是卖的不如买的精。因为网络信息太发达,很多信息都是公开透明的,所以在买东西之前只要通过网络一查就可以把这个东西全方位地了解一遍。所以当顾客过来跟我们砍价时,他是有一定谈判筹码的。就像有些买汽车的男性,他提前通过汽车杂志、汽车网站,把各种汽车品牌和型号的优缺点,都提前了解了,并且进行了比价。他过来就是要问我们底价,接着就跟我们砍价。如果我们直接给出对方底价,对方还会继续砍价，那到最后我们岂不是利润越来越薄？

在这种情况下，我们到底该怎么做呢？

第一招：转移焦点。

对方在意价格，我们不见得非要跟对方谈价格。反而是对方越跟我们谈价格，我们越是要谈价值，谈适配性、适用性，谈体验。这些都是我们可以转移对方焦点的方式。

比如，你可以这样说："相较于这款车的价格，我更在乎这款车适不适合您。如果不适合，价格再合适，我也不能给您推荐。"

这样说完之后，对方还会追着问我们的底价吗？

或者我们可以跟对方说："在您未体验到这款车的全部价值之前，我给您提任何价格都是毫无意义的，它没有本质意义，您说对吗？"

我们这样说完后，对方还能怎么反驳呢？对方只能听我们的，去体验，去试驾，去理解这款车到底有怎样的价值。这样，他就会跟着我们的思路走了，因为我们已经转移了他的焦点。

第二招：语境升级。

我们把整个语境升级到更高的维度，让对方在这个维度上，都不好意思跟我们谈价格，让对方愿意主动放弃跟我们争论价格。那该怎么说呢？

我们首先要拿同理心认同和理解对方："先生，确实如此。我们每个人买汽车，买这种大件物品的时候，都希望用最合适的价钱，买到最适合自己的汽车，最称心如意的汽车，对吧？如果有优惠政策，该给您争取我一定会给您争取的。不过今天既然您第一次来，您想啊，买这么贵重的东西，是便宜更重要，还是售后服务等质量保障更重要呢？（其他类似的话还有：是便宜更重要，还是安全系数更重要呢？是便宜更重要，还是适合您的档次、您的品位更重要呢？是便宜更重要，还是更舒适、更体面重要呢？）"

总之，我们要想办法把对方引到一个更高的维度：买这样一个大件的贵重物品，买这种档次的东西，是价格更重要，还是其他方面更重要呢？

我们的语境升级之后，对方自然愿意跟着我们的思路走。只有通过语境升级或转移焦点这种方法，抓住对方的注意力，我们才有机会快速实现交易。

总之，客户越跟我们谈价格，我们越是不能赤裸裸地跟他谈价格，因为这样砍来砍去，砍到最后一定会让我们的利益受损。我们一定要想办法把他的注意力引到一个更高的维度，一个更有利于我们说服他的维度。

他跟我们谈价格，我们就跟他谈价值，跟他谈体验，跟他谈身份感、尊贵感、体面感、舒适度及风驰电掣的驾驶感。

我们要根据他的个性特点，他在意什么，我们就跟他谈什么。不要跟他谈浅层次的价格问题,我们要跟他谈的是安全系数、售后服务。

我们要想办法跟他讲故事。通过讲故事,让他知道有些人可能因为价格选择了某一产品,但是因为没有售后服务保障,到最后又花了更多的钱去做后期的维护。

顾客说"你便宜点我就买",如何让步才能实现双赢

在做销售的时候,经常有顾客嫌我们的东西贵,说让我们便宜一点,便宜点他就买。那为什么我们便宜之后他还不买呢?他让我们便宜,我们就真要便宜吗?为什么每次我们让价之后,对方还是没有和我们签单。这一节,我们就来谈谈这个问题,学会用三招解决这个问题。

其实出现这个问题,错不在顾客,而在于我们没有把握好让步的艺术。我们的让步根本就没有价值感,从而让对方觉得我们背后还有很大的利益空间。而对方又跟我们谈不下来,自然会抛弃我们。所以我们怎样才能让别人觉得我们背后已经没有太大的利益空间了,已经让无可让了呢?

要记住,如果让步不要回报,对方就会步步紧逼让我们妥

协。让步要回报,就会让对方觉得我们背后没有那么大的空间了,就会显得我们这个让步很有价值,让对方也有成就感,让他觉得他砍价谈判的能力还是蛮厉害的。

所以,我们让步的时候要跟对方谈:"如果我能给你做出让步,你能为我做什么呢?你能答应我什么样的条件呢?"

我们为对方做任何相应的让步,都要跟对方讲条件,只有这样他才不会步步紧逼,他才会觉得,再逼我们他反而要付出更大的代价。如此一来,他也就丧失了动力。

那怎么样的让步才是巧妙的,并且是有效的、有价值的呢?有以下三条建议。

第一条:在坚持原则之下,私人让步。

我们要先拒绝后让步。我们先坚持原则,这个原则就是我们公司统一的制度,统一的定价,统一的市场规范。我们的老客户也都是一样的价格,我们的团队不允许乱定价,我们是电脑记账的,谁也没有这种特权。我们要坚持,在这种统一的原则下是不能让步的。

这些提完了之后,我们把对方拉到一边,在用统一的制度、统一的原则拒绝了对方之后,表示我们愿意站在私人的角度帮助对方。

"咱也别说了,我做这件事你也知道我会有相应的奖金,我做这方面的推广和服务本身也付出了自己应有的价值,原则上来说那是应该给我的奖励。但是呢,我希望能够跟你达成更长久的合作,也希望你后期帮我多推荐一些新的客户,我的奖金就不要了,我就相当于免费地为你服务一次了。"

这就是我们先拒绝,再私人给对方做出让步的一种方式。这会让对方觉得我们很有人情味,对方还欠了我们一笔人情债。

这样的话,对方就感觉很有成就感,并且他因为这种人情债的压力,有可能真的会给我们推荐一些新人,让我们以后的交易变得更加容易。

第二条:坚持在申请争取的前提下,做出让步。

我们不要说自己有多大的权力,越说自己有权力,越会让对方觉得我们还有更大的权力,还能做出更大的让步。

所以对方提出的任何条件,我们为了让对方觉得这个让步是我们给他争取来的,挺不容易的,我们就要想办法设置第三者:"哎呀,我得问问领导,我跟领导这方面还是能够说得上话的,我再想办法给你争取争取。"或者是说我要问问我们财务总监,问问我们的团队,问问我们的决策委员会,总之,要想办法制造出这样的一个第三者。甚至在商场卖东西的时候,我们可以"失踪"五六分钟,说是去跟领导申请调价,打个电话。五六分钟回来之后,我们带着一种欣喜的表情:

"恭喜你,我今天把你的这个让步要求,给申请下来了,我跟领导说你是自己人,所以无论如何走一个内部价。"

我们这样说,对方就会感觉,我们特别照顾到他了。而且，对方在你去给领导打申请电话之前，我们已经跟对方要了一个承诺："你是确定喜欢吗？你别让我跟领导都申请好了，最后你又说不喜欢，不买了。"在对方表态"我喜欢"的这个前提下，我们五六分钟回来后再和对方说这样一番话，基本上就能拿下对方。

第三条：在谈判结束之后，再做些小让步。

谈判结束之后，在成交环节上，我们再额外地做出一些小让步，也会让对方非常感动。要知道谈判都已成定局，都已经交易了，我们在那时候完全没必要向对方让步，但是我们又做一些让步，就会让对方特别感动。就是让对方觉得我们是特别有人情味的人。

举个例子：我曾经在我们楼下的一个饭店吃饭，对老板娘印象特别深刻。因为每一次我们结账的时候，她都会想办法给我们省几十块钱，比如说结账时 430 元钱，取个整，就只需要付 400 元钱。虽然省得也不算太多，但是她会给我们留下一个极好的印象，因为她完全没有必要给我们省啊。她给我们省了之后我们下回就还想来，因为觉得我们欠了她一笔人情债。人就是会被这样一种互惠原理所驱动。有这种人情债，就会有这种人情债亏欠感的驱动，想要还。在这个过程中，对对方的人格印象也会更加深刻。

这就是成交后，我们再做出一些额外的小让步。成交后准备的一些小礼品、小赠品，或者是一个配套的边缘产品，都会让对方特别感激我们。如果我们平常没有用这些去奖励对方的话，还有一招：那就是嘴上要甜一点。我们都已经跟对方结束谈判了，成交了，我们还可以再夸一下对方："我从来没有见过你这么能谈的人。""从来没有见过你这么会砍价的小伙子。"

我们要赞美对方。我们越是这样，越是让对方有赢的感觉。我们一定要知道，销售谈判最完美的结局，就是面子上我输你赢，里子上其实我们都双赢。

上面我们谈到了什么样的让步才是一个让对方感到舒适，并且有效、有价值的让步。

第一，就是坚持原则下我们先拒绝后让步，用私人让步的处理办法。

第二，就是我们坚持申请争取，找领导去争取相应的让步，回来再给对方惊喜。

第三，就是我们要坚持在成交时、成交后给对方再创造一些额外的小惊喜，这会让对方特别感激我们，而且有一种赢的感觉。

顾客说"别人家的便宜",如何有效回应

销售顾问经常遇到的问题就是,顾客看着你的产品蛮喜欢,但是到我们让他埋单时,顾客却说:"别人家的便宜,你也便宜点吧!"

碰到这种情况,我们该怎样有效回应呢?在这一节,我先跟大家分析两种错误的回应方式,再跟大家介绍三种正确的回应方式。

下面举两种错误的回应方式:

第一种:恶意攻击竞品。

有些人就直接说:"哎呀,你别光看价格,他们家的东西质量不行!"一旦这样说,我们就相当于在诋毁同行,在恶意攻击竞品。一旦说出这种没有格局的话,不仅让客户觉得我们

心胸狭窄，做人有问题，同时还会让他感受到我们有一种焦躁的心态。感觉我们太急于成交了，我们输不起、玩不起。所以人家也很难跟我们合作。

第二种：坚持说我们的产品比他家的更便宜。

有些人直接说："怎么会呢，我们比他家的更便宜。"

其实我们要知道，客户并不在乎我们的产品是不是比他家的更便宜。

客户真正在意的是我们产品的优点以及适配点，是不是真的更能满足他的需求。所以我们不应该在客户提出的表面问题上恋战，那样显得自己很肤浅。

我们要想办法正确地回应客户的问题。那怎样才是正确的回应呢？以下是三种正确回应方式。

第一种：找到并突出我们的差异性优点。

我们的产品跟那个同行的产品一定会有差异性吧？记住，差异性就是价值性的体现。只要他没有我有，我就可以在我有的这方面去塑造价值。

比如说我们的配货速度更快，我们有免费安装的服务，我们的研发设计能力很强，等等。我们可以去谈一谈我们的产品经过了多少道工序，使用时超强的便捷性以及优质的售后服务；谈一谈我们的品牌信誉，我们的快捷的库存换货规则；谈一谈我们完整的产品线；等等。总之，我们要谈一些差异性，这些差异性其实就是独特的价值，我们可以无限塑造。

第二种：附加值得失计算法。

比如我们可以这样回应他：

"先生，我相信您说的一定是真的，相信您也是做过市场调研的人。其实我特别能理解您的心情，因为我们每个人买东西其实都希望用更合适的价钱买最称心如意的产品。不过我们买产品不只是买当前的产品，更重要的是要看它的售后服务啊。我们特别有自信的一点，就是我们的售后服务在整个行业内都是有口皆碑的。"

阐明我们可以给客户提供什么额外服务，帮客户解决什么样的额外问题。"而这些附赠的项目，其实在很多同行那里都是自费的。您想想，未来产品要是出现了什么问题，您还需要自费去请人过来帮你解决，您不仅浪费自己的时间，还浪费自己的金钱。综合算下来其实您在别的地方，根本没有得到什么实惠，对吧？您有没有算过如果以后这种问题经常出现的话，其实综合算下来你会更费钱。"

我们这样说完之后，对方就会觉得听起来有道理。这就是附加值得失计算法。

第三种：真情底牌法。

我们用自己的真情实感，用非常有诚意的姿态，让对方不好意思再拿其他人的东西和我们的进行比较。我们可以这样说:"要是这种品类的产品,说实在话我也能给你打折,我也能给你便宜,关键这和我们的产品完全不是一个品类啊,对不对?我们产品的做工、材料,说实在话,你都可以通过网站查询到,都是明码实价的。我给你的已经是一个最低的报价了,市场都这么透明了,我要能帮你,能不帮你吗?我还指着以后长期跟你做生意呢。"

我们这样说,对方还怎么好意思跟我们继续砍价呢。

希望以上三种应对方法可以帮到你。让你在客户拿竞争对手打压你的时候,可以做到临危不乱,重新"拿下"对方。

顾客说"为什么别人打折你不打折",如何说服他原价购买

销售经常会遇到顾客说"为什么别人打折,你们不打折"的情况。这种情况下我们到底该如何回应,才显得更有人情味且更有说服力呢?这一节,我将拆解错误的回应方式,然后给出三招正确的回应方式。

先说错误的回应方式。第一种回应方式是遇到这种情况就会直接回应:"我们牌子的产品很少搞打折活动的。"

这种回应就显得特别生硬,没有人情味儿,特别伤客户体验。

第二种回应方式,就是直接说:"我们公司有规定,产品不能打折。"

这就显得更加生硬了，还会让客户产生我们和我们公司特别呆板的印象。他可能还会说："谁规定的产品还不能讲价钱呢？"这样一来，我们的话语就缺乏说服力。

还有第三种回应方式，是直接回应客户："哎呀，您这种身份还在乎这点折扣吗？"这种说法也会遭到客户的反驳。因为谁的钱都不是大风刮来的。

除此之外，还有第四种错误的回应方式："那要不您看看这款，这款更便宜。"

这种回应更伤客户的自尊心。为什么？难道客户买不起这个吗？还要给他推荐那个，他在乎的难道只是便宜吗？我们有关注过人家真正的诉求吗？所以这种回应方式就有点瞧不起客户的感觉，并且还会给客户留下没有充分在意自己需求的印象。

那到底如何回应才是正确的方式呢？有三招。

第一招：对比分析法。

我们给对方做市场分析、行情分析，比如说：

"您这样说，其实我也能理解。因为现在很多企业为了招揽消费者、抢占市场份额，不断用折扣来吸引更多的消费者。但是您大概也清楚，那些用折扣吸引消费者的，尤其是打大折扣的，一般情况下他的定价也相对比较高，他的利润本来就相对比较丰厚。'双十一'不就是典型的例子吗？每年'双十一'活动到来之前，很多商家上调了很多次的价格了。真等那一天，给你打一个折扣，你真觉得自己占了便宜吗？咱老百姓都清楚，羊毛出在羊身上。我们公司一直在乎的是我们的品质，以及我们给客户提供的长久价值；我们从来不喜欢在价格上做手脚，所以我们没有折扣，其实也是对大家的一种保护。因为大家可以放心地购买，放心地去做自己的消费决策，不用担心自己在价格上吃亏，这不应该是好事儿吗？"

我们这样分析，就把我们和其他那种打折的商家拉开了距离，拉开了维度，让别人觉得我们确实是站在客户的角度，同时让别人对产品质量等很放心。对客户，尤其是不会讲价钱的客户，这更是一种保护性的政策，因为他不用担心价格问题而吃亏。

第二招：案例启迪法。

我们想让客户认识到不打折反而是一个更靠谱的选择，想让他自动得出这样一个结论，我们就要跟他讲一个事实案例。

比如，我们可以这样跟他讲：

"先生，您说得没错，现在市面上有很多企业都在打折。但是您也知道，如果企业把产品和服务全都绑在一块儿去打折的话，其实对企业来说也是得不偿失的。所以你看有些企业是在产品上给你打折了，但是你用上之后，后续一大堆的售后服务，你都需要自费解决，综合算下来其实你并没有少花多少钱，甚至有可能多花了。我就曾经遇到过这样一个顾客，这个顾客当时就为了省几百块钱的产品钱，买了一个同行的产品，买回家之后没到一个月就发现问题了，后来费了老大的劲儿，才让商家答应了他的退款要求。他后来又找我们，买了我们的产品，到现在都已经用了一年了，也没有发现什么问题。前段时间还跟我说，以后再也不会买那种打折的产品了，尤其是那种打折力度比较大的产品。知道为什么吗？因为羊毛出在羊身上。"

我们讲了一个跟他比较相似的客户案例，对方就可以自行推演出来，原来不打折的产品质量才靠谱。

第三招：长销意愿法。

就是让客户觉得我们想长期跟他做朋友、做生意，我们能帮他的尽量会帮他，只是目前确实做不到，让他能够理解我们。

无论哪个方法，我们最后都要给对方传递一种信息：

我们不打折反而是更靠谱的体现，是保护大家能更放心购买产品的体现；是我们质量有保障，售后服务有保证、有底气的一种体现；是我们无须像其他企业那样天天用价格诱导客户，在价格上做文章的体现。给顾客一种我们很大气，我们各方面质量都有保障的印象，让他们感到我们这样做正是为了更好地保护客户利益。

顾客说"便宜无好货",如何打消他的疑虑

如果顾客说:"你们家产品比别人家便宜这么多,是不是你们家偷工减料了啊?"

遇到这种问题到底该如何有效回应,才能打消对方的疑虑呢?这一节将针对这个问题为大家提供三条建议。

在说这三条建议之前,先跟大家拆解一下错误的应对方式。

有些销售遇到这种问题,就直接开始诋毁同行:

"你知道吗?他们打广告打得很多,他们经常抬高价格,虚假宣传,就是为了让你们觉得他们质量更高,其实质量没那么好,到最后羊毛出在羊身上。"

这样一种诋毁同行的方法,不仅有失职业道德,同时也会

让眼前的顾客瞧不起我们，觉得我们心胸狭隘。并且，我们背后说人坏话，人品也有问题。

那到底该如何有效回应呢？我们在回应时，一定要记住一个原则，就是我们的任何回应都要解决客户的底层疑虑。

他的底层疑虑一定不是在关注同行到底是不是虚假宣传，是不是抬高了价格，他更关注的是他今天也想买便宜的，而我们能不能给他交个底，让他觉得我们今天便宜得有道理。

所以我们可以跟他说，我们之所以便宜是因为我们某方面的优势这类话语。对方就更愿意购买我们的东西了。这是我们要解决的核心问题。

具体该怎么样做呢？

第一条建议：类比引导法。

我们可以举出类似的例子，用以证明贵的产品不见得质量好，便宜的产品不见得质量差。只要我们能举出这两类例子，对方就比较容易对标，明白我们的产品虽然便宜但不见得质量差。比如我们可以先跟对方说：

"贵的产品不见得质量好。比如，同样是奶茶店，您看前段时间的新闻节目大肆报道过某个网红店的掺假现象，说他们用非常低质的操作方法、工艺手段来制作奶茶。虽然通过大规模的品牌宣传，获得了很多的用户，但最后检测结果显示，他们的用料、他们的加工工艺甚至还不如普通的奶茶店。"

这就叫对标。同样是对标，我们还可以这样跟对方讲：

"您看那家护肤品品牌,每年甚至每月都在迭代更新,他们的几种护肤品价格甚至都已经翻了几十倍、上百倍了,但现在市场上还有他们品牌的名字吗?没了。可是像大宝这样的产品,几块钱就解决了几十块钱、几百块钱解决不了的难题,经久不衰这么多年了,您能说它质量差吗?"

通过这样对标,就会让对方感觉到我们对自己的东西很有底气,产品质量是能够经得住考验的。

第二条建议:解释原因法。

我们要注意向对方解释我们产品这么便宜的底层逻辑、深层原因,甚至把这种原因解释成我们的独特优势。

比如说我们是厂家直销,我们省去了很多的中间环节,没有中间商赚差价,所以能够保持最低的流通成本。我们甚至可以向对方解释说,我们非常注重研发,从一开始就站在用户的角度,努力研发出一款成本最低,给用户创造最大价值的产品。我们注重研发而不注重广告,所以能够保持低价。

这就是通过解释低价的深层原因,甚至把原因解释成我们的独特优势,从而让对方有购买理由的方法。

第三条建议:摆事实见证法。

要给对方摆更多的事实见证,让对方看到我们的效果确实是不差的。跟同行那些比我们贵出很多倍的产品放在一起,我们的产品虽然包装上显得不那么高大上,但是从质量上,从耐用度上，从用户口碑上，都更占优势。我们要拿出更多的客户见证向对方展示，因为真正会说话的不是我们自己，而是其他客户的评价。使用后的效果到底是否优于同行，我们自己说一百句也不见得比跟对方同样立场的老顾客说一句话管用。所以我们要想办法拿出更多让对方信得过的客户见证，去证明我们的质量确实不差。

顾客说"经常来这儿买，便宜点"，如何回应才能留住老顾客并顺利成交

当老顾客或大客户向我们索要优惠时，比如他跟我们说："我都买这么多了，我经常来你这儿买，便宜一点吧。"我们该怎么样有效地回应他呢？这一节，我将逐一拆解一下错误的应对方式，并介绍正确的回应方式。

先说错误的应对方式。有些没有经过专业训练的销售就直接回应了："我也想啊，可是公司规定就是这样的，我也没办法。"

客户心里会想：别给我唱苦情戏，你说这些对我有什么用啊？！对方可能还会觉得我们公司的制度不合理。

有一些销售还会这样说："已经很优惠了，正因为你是老

顾客,所以才给你这么低的折扣。"

客户会想:你什么意思,难道你已经很给我面子了,我还得感恩戴德吗?所以这么说,我们也不能满足对方的心理诉求。

还有一些没有经过专业训练的销售会这样说:"你买多少不是最重要的,关键是政策就是这样的,有人买得比你还多,我们也没降价。"

客户心里会想:你这是为了让我获得心理安慰吗?不对呀,你为了让我获得心理安慰,得多多少少给我点实实在在的利益,或者让我听到你们背后不让步的底层逻辑是什么。不要老拿一个规定,或一个政策直接来搪塞我。

综上,以上三种回应方式都是不妥当的。

下面我们来看正确的回应方式。

第一种:塑造产品价值。

让对方把关注焦点转移到价值上。比如我们可以这么说:

"张姐,特别感谢过去这么多年您对我们店里的支持。这么长时间您其实最懂我们店里的风格了,我们从来不喜欢在价格上做文章,就是为了让我们老顾客可以随时随地放心地购买我们的产品。因为毕竟价格只是众多购买因素的其中一个,穿起来到底喜不喜欢,到底时不时尚,到底合不合适,永远比价格更重要啊。如果不合适、不喜欢、不时尚,我相信再便宜您也不会购买。这也正是您多次光顾我们店里的原因,您说对吗？所以咱与其考虑刚才那个问题，还不如把重点放在到底哪件是适合您的，是您喜欢的，能穿出您气质的。来，咱们看一看。"

这样就把焦点转移到产品使用价值上了。

第二种：额外赠送赠品。

通过小恩小惠的施与，给对方一些占便宜的感觉，增强其满足感、获得感，这样的话对方也会有一定的心理安慰。

比如我们可以这么说：

"是的，张姐，这一点我当然知道了，我都服务您多少次了。您隔一段时间不来，我们大伙儿都会想您。我相信您这么说也不是一定要坚持打个多少折扣的，您也知道我们做不到，对吧？但是您作为老顾客就得跟新顾客不同，这也是我的想法。这样吧，我送您一个赠品，保证让您喜欢，您等我一会儿啊。"

把对方注意力转移到另外一个方向，并且给对方传递一种特殊人就得有特殊待遇的感觉。用市面上的话来说，"您就是 VIP 人物啊"。其实就是给对方一种好的感觉，让对方获得了一种心理满足，对方也就放过我们，不会非得让我们给他便宜多少了。

第三种：向上反馈意见，给对方充分的尊重感。

让对方感受到自己被充分地重视了，对方就会有一定的满足感和获得感。比如我们可以这么说：

"非常感谢您一直以来对我们的支持！可能在价格上我们比较抱歉了。因为我们公司定价确实是一直比较诚信的，绝对不会让我们的老顾客吃亏，而会让我们每一个人花每一分钱都值。也正因为如此，有很多像您一样的老顾客，才会持续地过来支持我们，所以今天在价格上确实就抱歉了。

"不过我会立刻把您的这份建议，输入我们的系统报给我们的公司。以后我们公司有任何的特惠活动，或者其他针对老顾客的活动，我会第一时间通知您，您看可以吗？您看您今天既然过来了，先看看到底有哪些新款的，您喜欢的，好吗？"

这样我们就把对方的注意力转移到了其他方面。我们首先传递了一种充分重视、充分在意对方的感觉，对方心里就会得到一种安慰，也就不会在价格上纠缠不休了。

三招限制法，让顾客立马签单

销售实践中，如果想让顾客如我们所愿立刻行动起来，一定要掌握三招限制法。

不是要立刻行动起来吗？为什么还要谈限制呢？因为，人的本性，往往是越限制就越想要，越得不到的就越骚动。比如，想控制自己的孩子不要早恋，越是拆散他们，他们就越想早恋，就越要私下里搞恋情。

所以，我们越控制，往往会让顾客越想要占有；越是制造一定的限制性，越让顾客觉得"错过了本属于我的名额"，顾客就越不甘心。

三招限制法，就是营造这样的一种感觉。

那么，是哪三招呢？或者说，我们从哪三个角度制造限制感呢？

第一招，限时。

第一个角度是限时，就是从时间的角度制造紧迫感。

比如，我们在饭店消费，吃完饭之后，饭店送给我们几张优惠券或抵用券，注明在一个月之内有效。当时我们可能没什么感觉，但是，当快到一个月的时候，如果正好要请家人或亲朋好友吃饭，我们第一时间往往会想到还有几张优惠券。那就还去这家吧，这优惠券不用白不用，能省钱为什么不省呢？

就这样，这个优惠券发挥了作用，因为，它已经快到期了，再不用的话就不能用了，就不能省钱。这就是从时间的角度来制造紧迫感。

很多时候，截止期限越短，就越有效。比如再过几个小时就恢复原价、再过几天到什么节点就复价到多少等。

现在很多商家，经常会做一些相应的节日活动，比如店庆日活动、感恩节活动、七夕节活动等，其实都是通过限制时间，给顾客制造一种紧迫的感觉。因为，只在活动日才做这样的特卖、特惠等活动，错过了，那就错过了。其实，他们也是通过制造这些节日，给大家一个消费的新理由、新借口。

第二招，限额。

第二个角度是限额，也就是名额有限，额满即止。

比如电影院今天的座位有限，或者某些活动的活动场地空间有限，需要限制名额，让大家报名接龙，报满为止。反正就按限制的数量收那么多人。

这样一来,大家就赶紧自愿在那儿接龙了。接龙完了之后,再收点门票钱或组织费用,也就是顺理成章的事了,到这时候大家肯定也不好意思不交。

第三招,限先后。

第三个角度是限先后,就是通过竞争对手的促动,让大家紧张起来。

为什么要限先后呢?因为人们错过了这村、错过了这店没有什么,但就是不想错过他认为自己本该拥有的东西。尤其是这个东西让给了自己的竞争对手,这几乎要令人抓狂。

所以,商家就可以通过竞争对手来刺激顾客,让顾客有争抢的感觉,从而更好地实现销售。

比如,某款热门产品在全国多个城市同步上市,不停地公布几点几分在多少个城市上市,不停地公布几点几分售出了多少个产品,同时持续发布总共有多少产品的信息。

在这种情况下,顾客比较容易紧张。因为是多个城市一起上线,顾客不知道其他城市的盛况如何,怕本来属于自己的名额归别人所有,就会产生争抢的感觉。

又如,很多商家都做零点开抢的活动,这样就能把很多人吸引过来。这时,他们都已经忽略了这个价格是不是调整了,都已经不在意这个了。他们在意的是本属于自己的东西别被别人给抢走了。因为他都已经提前把它放到购物车了,觉得总不能白白浪费自己之前的时间呀。

限先后的典型应用是先到先得。我们社区有一个水果姐，她经常卖一些进口水果，数量不太多，消息只发在宝妈群里。每次，只要信息发出来（"今天进了什么样的水果，有多少，先到先得"），群内就是各种哄抢。

这就是先到先得的魅力，人人都不希望把本属于自己的机会拱手让给别人。

5

重塑产品价值,深度体验让顾客"路转粉"

顾客担心购买之后没效果，如何回应才能打消对方的疑虑

很多情况下，客户都有害怕上当受骗的心理，因此安全感往往成为客户的第一需求。销售员要想获得谈判的成功，一定要明白客户寻求安全感的心理，凭借已经在客户心中建立的信任，通过各种方式及时消除客户的担忧。所以当顾客说"如果我不满意了还能退货吗？"我们该如何回应才能打消他的疑虑，让他放心购买呢？在这一节，我将教你三招，帮助你解决这一问题。

在说这三招之前，首先，我们要了解顾客为什么会这样问。他这样问一般都是在担心我们产品的效果。因为对我们的产品效果还没足够的信心，担心自己的钱打水漂。所以顾客的

担心也有合理性。

第一招：先对他问题的合理性表示理解，同时要反问对方的承诺。

我们理解了对方之后，也要跟对方讲明白：这件事最后能不能有效果不光在我方，同时也需要你跟我们协同努力。我们的产品再好，如果你不配合，最后那效果肯定也是不可能好的。所以你能不能答应我，按我们所指导的方法坚持使用？只要你敢答应我这个，我们就能够保证你的效果。

我们这样一种口吻其实就是把对方加给我们的压力再返还给对方，只要对方答应我们了，我们其实也没有什么风险。如果对方没有答应你，我们也大可不必答应对方。比如，我们可以这样跟对方说：

"王总，我完全能理解您此刻的心情，您也担心花了钱，到时候没有效果，这事换作我，我也会有这样的担心，毕竟钱也不少嘛。但您也知道，这件事到最后能不能真正有效，也需要您的配合。您只要能保证每天按说明去用，按我们的方法去做，我绝对能保证，到最后一定会有效果的。如果今天您需要我给您立字为证，我也可以立字为证；那您今天能不能也给我立字为证一下，保证每天给我发一个使用的小视频？"

其实对方到最后不可能给我们签字的，但他其实也得到了一种心理安慰：看来你们的品质是没有问题的。

第二招：邀请对方深度体验，或者做阶段性反馈。

比如说顾客来到实体店了,要买按摩椅。我们就要想办法让对方在上面体验体验各种功能,亲自尝试一下。

"张总,您说这话呢,我能理解。但今天既然来了,您也好好体验体验,体验15分钟之后,您感觉下身体是不是更舒服了。您买它不就是为了让自己未来工作疲累的时候能够放松一下嘛。您看一会儿您的疲劳能不能得到缓解。"

另外一种情况就是,有些东西不可能立竿见影,那怎么办呢?那我们就给对方阶段性反馈。举个例子,对方买了我们的一个咨询方案,我们就可以跟对方说:

"张总,因为咱这是一个为期三个月的项目,这样,我每个周五下午六点之前,都给您汇报一下项目进展阶段的情况,您若有问题随时都可以问我。然后我每次给你反馈,您有任何不满意的地方,我们一定解决到您满意为止。您看可以吗?"

这样的话他肯定会满意的,因为我们全程无死角地与他对接,然后让他随时随地可以看到我们到底是怎么做的,做没做成他想要的样子。

第三招:展示跟对方类似的客户见证。

人往往都比较容易相信跟自己立场相似、背景相似的人,想知道别人用了产品后、采用了方案后到底成功没成功。所以我们可以跟他讲:

"王总啊,其实您跟我们的一个客户张总一样,也是每天日理万机,事情很多,非常忙。他们公司也是有很多的项目,当时也对我们不太了解,所以当时就先尝试着把一个项目放在这里给我们做。我们当时做的整个过程中,一直在跟他进行积极的沟通,最后效果超过了他的预期。后来我们也成了很好的朋友,他后来把所有的项目基本上都放到我们这里做。这是我们的一个大客户,他在××行业也从业很多年了,跟您一样。他后来还给我们介绍了很多其他客户。"

我们讲一个这样的案例,其实是通过这个案例让对方参透一定的信息:跟我一样有那么多项目的人,现在都已经把所有项目放在这里了,那看来你们比较靠谱;他曾经也有过质疑的阶段,他先通过一个项目尝试了一下,那我是不是也可以通过一个项目先尝试一下呢?

所以他会通过你讲的故事得到自己该怎么做的答案。

顾客问"如何让我相信你的产品有效果保障"时，该怎么说服对方

我们在销售的时候，可能遇到顾客说"能不能先让我免费用一下，等有效果了我再付钱"。如果遇到这种情况，该如何有效回应才能够搞定他呢？

首先我们得理解这个问题的本质是什么。其实，他提出这样的问题，往往就是因为他需要这个产品了，只是他担心付出和回报不成正比，担心自己付出了金钱，最后效果得不到保障，那么钱就打水漂了。所以他在拿效果保障的话题跟我们谈条件，那在这种情况下如何有效说服他呢？这一节里，我将教你两套说服公式。

第一套说服公式：同理心表达＋分析局势＋双向条件。

简单地说,就是我们要先理解认同对方提出这个问题的合理的出发点,接着我们通过分析局势让他认识到,这种情况是不可能出现的;再接着跟他说,如果他真的想让我们做出让步,他也要做出什么样的让步,双方都要付出一定的代价,要有一定的表态。这样的话,对方就有一定的压力了,在压力之下对方有可能就会放弃逼我们让步。

我们用例子来说明。比如,我们可以这样去回应他:

"我特别能理解你此刻的心情,你能这么说,显然是你需要我们的方案来解决你关心的问题,只是你担心效果没有保障,对吗?"

你看,这就叫同理心表达。

接着,我们就可以说:

"你的顾虑,我能理解。不过您的这个提法呢,对任何公司而言都太有难度了,因为现在的商品都是上系统的,不是一个销售说免就能免的,您说对吗?"

你看,我们这样说完了之后,它就已经成为客观局势了,对方就会知难而退了。

接下来就是双向条件:"不过您今天有这样的担心,我也能理解。您实在不放心的话,我就给你签一个补充条款,在补充条款里我个人向您承诺,如果您按我们提的方法去用,用一个月仍然不见效,我给您全额退款,这总可以了吧?但是这也有个前提条件,您需要答应我们,按我们提的方法去用,甚至每天你都要给我发一个相应的使用记录。如果您不按我们提的方法去用,那到最后出了问题,那就不是我们的责任了,您说对吗?"

这就叫双向沟通、双向条件。让对方也要拿出来一个态度,对方若不拿出态度,我们也自然不必让步。

第二套说服公式:fabe 法则。

fabe 分别是四个英文单词的首字母:

f(Features)代表产品的特征、特点、特质;

a(Advantages)代表了产品有什么样的优势、功能;

b(Benefits)代表了能够给客户提供什么样的有针对性利益;

e(Evidence)代表第三方见证,证明我们刚才说的这几点全都是真的。

所以,如果顾客是因为担心产品效果或不知道我们这样一套产品背后的底层逻辑,那么我们就可以按照这套公式去有效说服他。

我们就可以跟他谈:因为我们是什么样的材料,什么样的属性,什么样的特质,我们是什么样的加工工艺,所以我们具备什么样的优势,我们跟市面上很多其他的产品都不一样,我们在这一方面具备独特的功能。

这就是上面说的"f 和 a",让对方了解到产品的特点和优势功能。

然后我们继续告诉他：正因为我们有这样的优势，这样独特的功能，我们刚好能满足您的利益、您的诉求，能有针对性地解决您关心的问题。

这个就是"b"，让对方感知到了利益。

"曾经我们也遇到过跟您一样的顾客，他当时也特别关心那个问题，所以他刚开始用我们的产品时，也是有一些怀疑的，因为他试过很多市面上其他的方案了。但后来用了我们这款产品后，嘿！还真的彻底改观了。他说，早遇到你们这款产品，我也不会走那么多弯路、花那么多不必要的冤枉钱，早知道选择你们的产品就好了。"

这就是"e"，就是证据，就是对方感受到的第三方见证。

通过这样一个第三方见证，可以让顾客觉得自己也能实现改变、得到效果，并且还能让他增信，即增加对我们的信任感。有了信任，对方自然就会解除很多不必要的疑虑。

顾客说"没听过你这牌子",如何让其"路转粉"

我们在销售的时候,如果遇到顾客说"你们这个牌子我从来都没听说过",我们该怎样有效回应,才能够让他铁了心地要买我们的产品呢?

有些没有经过专业训练的销售,会非常诧异地直接回应:"怎么可能,我们这产品都已经很多年的历史了,在当地很有名的,难道你真的没听说过吗?不可能吧?"

这种回应,对方会想:你是在怀疑我说话的真实性呢,还是在侮辱我的无知呢?所以这种回应不妥。

当然也有些销售又特别实诚,直接就承认了:"哎呀,不好意思,我们确实是新牌子,而且是刚刚进入市场。"

这下又坏了,这样说完了之后对方立刻就会觉得:你想把我当小白鼠,产品还没有经过市场验证,质量还不见得有保障,你今天就想让我购买,怎么可能!

所以这种回应方式也不妥。不管我们的产品是不为人知的老牌子,还是一个刚进入市场的新牌子,我们都不应该这样回应。

想让对方更容易接受我们,我们就要讲究回应方式。这就是这节我们要讲的内容:ATC回应法。

ATC分别是三个英文单词的首字母:

A(Accept)代表接受,T(Transform)代表转换,C(Convince)代表说服。

它的含义是:我们先接受对方的问题,以及他提问背后的初衷;然后我们再转换他的问题,把他的问题转换到一个新问题上,这个问题一定是在有利于你说服的方向上的;最后再做深度说服,在新问题上进行说服。

第一步是"A",接受问题。

我们举例来说明:当别人直接怀疑我们,说我们这牌子他从来都没有听说过的时候,如果我们确实是一个刚进入市场的新牌子,我们可以这样回应:

"哎哟,确实不好意思,这是我们的宣传工作没有做到位,那正好今天有机会,我可以好好给您介绍一下。"

说我们宣传工作没做到位,有时候甚至可以体现出我们是一个蛮务实的团队,不就相当于把缺点变成优点了吗?并且我们也没有强调我们是刚进入市场,想让对方当小白鼠。

当然，如果我们是一个不为人知的老牌子，也可以这样去回应对方：

"一听您这样说，就看得出来您确实懂行，我们这个产品确实在本地不是特别知名，不过我们这个产品在南方已经火了很多年了，因为我们十年前就已经建厂，并生产了这个产品。"

我们这样去说的时候，就柔性地让对方接受了我们的产品其实还是有市场验证的，至少在某些区域还是蛮受欢迎的，只是进入这个市场时间相对短一些而已。

以上说的就是第一步"A"。我们先去肯定对方、认同对方、接受对方：你说得对，你说得有道理，我能理解你的心情。

第二步是"T"，转换问题。

我们要想办法把对方的问题转换一下。对方说他没有听过我们这个牌子，我们要把这个问题转换到什么样的方向上呢？我们可以这样回应：

"您能这么说，说明您真正在意的是我们这个产品质量到底有没有保障，到底靠不靠谱，因为这款产品毕竟在本地还没那么火。"

这样就把他说的"新牌子"的问题直接转移到到底质量过不过关，到底靠不靠谱的问题上，就淡化了所谓"新牌子质量大概会不过关吧"这样的问题，而把它转换到这样一个方向上：您真正关心的其实是我们的产品质量到底过不过关、品质有没有保障。

第三步是"C",代表说服。

"我给您看一些我们过去的老客户见证,因为我们说它质量再好,不见得真好。但是如果跟您一样的老客户觉得它确实非常不错的话,那我相信您用起来也一定能够享受它给您带来的改变。"

我们直接拿出各类的客户见证,可以是当地媒体的权威报道,或者是一些权威人士的背书,或者是一些老客户用完了之后改变效果特别明显的反馈,等等。甚至有时候我们可以给对方描述一下:我们的产品是用什么样的材料制成的,这些材料是国际上多么先进的材料,是整个行业最极致的一种用材,用这种材料就保证了品质。这样,通过见证和描述,让对方看到事实,增强对方对产品质量的信心。

这就是本节所说的我们回应对方的时候,用 ATC 回应法更容易让对方接受:先接受,再转换对方的问题,再在转换了方向的问题上有效说服对方。

顾客怀疑特价产品有质量问题，如何打消对方疑虑

销售员在推销的时候，顾客问"你们的特价产品是不是有质量问题？"，遇到这种情况到底该如何有效回应，才能打消他的疑虑，让他放心地购买呢？在这一节，我将提供给大家三条有效的建议。

在说这三条有效建议之前，我们先分析一下错误的应对方式。有些没有经过专业训练的销售员，遇到这种质疑，马上就开始火急火燎、空口无凭地解释：

"不会的，它们质量都是一样的。你放心吧，都是同一个牌子，怎么会像你说的那样呢？真的是一样的。"

这样说会有说服力吗？答案是否定的。之所以这样，是因为我们一直在强调结论，而没有强调事实和根据。没有根据、没有事实的话，是没有说服力的。所以我们要想让对方理解我们的特

价活动，就要给对方一个师出有名的理由、根据，这很重要。

还有另外一种销售员，回应方式更加极端。遇到顾客的质疑，情绪就立刻变得不好了，直接说："你爱信不信，反正就是这样的，你看着办吧。"这还想做生意吗？人家质疑一下有什么错？想办法把对方的质疑理解了，再去想办法化解，这才是我们应该做的功课。

那到底该怎么做呢，接下来提供三条建议：

第一条：认同想法，理解感受，赢得好感。

我们首先给对方一种认同、理解、接受，让对方也更容易认同、理解、接受我们这样的定价。比如我们可以这样说："张姐啊，您这么说我也是能理解的。毕竟以前在我们行业出现过这种情况。我们很多的客户在接触到这款产品，发现这么实惠的时候，刚开始也是质疑的，跟您一样。如果换作我是您，第一次接触这款产品，我发现这么好，搞这么大力度的特价，我可能也会这样想。"

这是在传递感同身受，就是共情同理心。当对方觉得我们理解了她，我们认同了她，我们接受了她，对方就会对我们有好感，对我们的接受度就会更大一些。接下来我们再进入进一步解释的环节。

第二条：强调特价理由。

我们要给对方一种师出有名的根据感。那怎么强调特价理由呢？可以这样说："张姐，是这样的，我们这款产品，我可以负责任地告诉您，之前真的是正价产品啊。这段时间之所以搞这么大力度的活动，是因为我们在回馈老客户，刚好赶上了我们公司的周年庆，还赶上了我们公司今年要冲业绩，为了让我们在这个季度的业绩实现全国领跑。"

诸如此类的话语，就解释了我们给对方一个特价的理由。

让对方觉得我们是为了冲业绩，是周年庆回馈老客户，是为了实现口碑宣传，等等。这样的话对方就更容易接受我们后面的建议。因为我们前面的理由够充分了，她就觉得我们没有藏着掖着的了。如果对方老觉得我们藏着掖着，看不懂，看不透，她就容易猜疑，猜疑就会让她迟迟不做决定。

另外，强调特价理由不见得非要从自动自发的理由出发，也可以从被动的、被迫的理由出发。我们说出了自己的委屈感，还会让对方窃喜，让对方有那种我们吃了亏他占便宜的感觉。比如可以这样跟对方说："这几款产品搞特惠活动，其实是因为刚好赶上了本商城十周年店庆要回馈消费者，要求我们所有的商户必须拿出几款产品搞特价，我们必须得配合这样的活动啊。当然了，我们配合，商城也会通过其他的方式来补贴我们。这跟您无关。所以呢，对您来说，今天您是遇上了，赶巧了，您就偷着乐吧。"

这就是我们给对方的被动理由，会让对方有种窃喜的、占便宜的感觉。而这样做的前提是把两条理由说好了。这样说了之后，有些顾客的疑虑已经被我们打消了，可以放心地购买了；但有时候，有些顾客难免仍然存在一些疑虑，针对这种情况，我们可以用下面说的第三条建议。

第三条：公开特价款的一些无关紧要的缺点。

我们公开特价款的一些无关紧要的缺点，然后迅速地转移到产品的优点上。比如我们可以这样说："张姐，不瞒您说，我们这款产品之前确实还挺贵的，是一个正价产品。刚才也跟您说了，现在正好赶上我们的活动，我们要清库存，要冲业绩，还有赶上这个十年庆，商场要我们配合活动。这些我就不多说了，直接告诉您吧，这款产品呢，也确实有一些瑕疵，它的颜色相对保守一些，款式相对也没那么时尚。"

我们简单提到一些无关紧要的缺点上，然后立即再把话圆回来："不过呢，仁者见仁，智者见智，对吧？有些人不喜欢，有些人就喜欢，因为这其实也并不是特别重要的因素。"

我们这样说完了之后，其实就给对方找到了一个台阶，让对方更容易接受我们的台阶。我们可以进一步把话题转移到它的优点上："您是经常穿高档服装的，您知道，这款产品以前之所以比较贵，就是因为它用的是×××的工艺，用的是×××的材料，用的是×××的设计理念。"

我们把话又转到了产品的优点上，对方就会一直跟着我们的思路走，到最后她会发现：哇，产品的做工、原料、设计等，还是蛮先进的、蛮好的，刚好又赶上了搞特价。她就有一种付出很小的代价，占到大便宜的感觉。

顾客说"买这个是不是太奢侈了",如何重塑购买理由,拿下订单

大家是不是遇到过这样的顾客:他已经很认可我们的产品了,甚至都已经咨询过好几回了,可是一看价格又开始纠结。他为什么纠结呢,只是因为价格吗?

不见得,大部分时候,这都是因为看到价格之后,他产生了一种奢侈消费的心理负担。他在想:我辛辛苦苦赚钱,一下子花这么多钱是为了图享受吗?是不是有点浪费钱了?

我们如果不帮他放下这种心理负担,不给他一个新的购买理由,他就找不到自己真正要购买的动机,如果是这样,再降价都无济于事。所以在这种情况下,我们到底该如何重塑他的购买理由,让他快速做决定呢?在这一节,我将提供给大家四条建议,帮你解决这一问题。

第一条：对上有交代。

让他做决定的时候能够想象到：我未来跟谁讲起这个决定那都是光明正大的、积极正面的、值得鼓励的。比如我们是卖电子产品的，卖iPad，我们如果一直跟他强调玩游戏的功能的话，对方可能就会产生那种购买的罪恶感。但是如果我们换一个维度，我们这样跟他说：

"这个iPad有非常先进的电子书功能。你随时随地都可以用它来学习，最大化利用你的碎片时间，让你获得快速成长，并且你随时随地都能得到最前沿的资讯。"

我们这样说的话对方有可能就会产生一些正面联想，并且他觉得：我购买的动机很正当，因为我不只是为了玩游戏，我还为了学习成长。他跟别人说起来时，就没有任何心理负担。

尤其是我们卖一些贵的东西时，如果顾客没有决策权，他还要找有钱的父母替他决策，我们就一定要给他一个能够帮他说服父母的购买理由。这就叫对上有交代的说服维度。

第二条：显得更英明。

让他做决定的时候能想到，这个决定在未来有一天能够让自己或者所有人都觉得自己很有眼光。让他不仅停留在现在，还能站在未来更高的维度去想这个决定对于他未来的意义。比如，我们是一个卖衣服的。我们看到一个刚毕业的小女孩过来买衣服，我们跟她聊天的时候了解到她刚毕业，还没有找到正式的工作，可能接下来要出去面试。了解到这些背景之后，等

她换上一套高档服装,她觉得价格有点贵的时候,我们就可以这样去说服她:

"哎哟,你今天穿上这个太能凸显你的气质了!如果你要去参加面试,肯定一下子就能够让别人眼前一亮,一定能够让别人增加好感。"

我们这样说的话,对方就容易下决定了。因为对方感觉到自己今天不只是买件衣服,还买了面试的通过率,以及重要场合别人能高看一眼的优越感。这就是显得更英明的说服维度。

第三条:意义更深远的说服维度。

我们不要让顾客一直停留在眼前,去想做了决定有什么样的损失,是不是一时冲动做了决定,做这个决定是不是贪图一时享受,从而使顾客产生负罪感。不要让他想眼前,要让他多想未来。我们不断地描绘、放大未来的价值,拉长时间的维度,让他想到眼前做的一切决定都是为了实现更美好的未来。比如说,我们是卖宠物狗的,遇见一对父母拉着小孩逛街,路过我们这里的时候,那小孩特别喜欢我们这儿的一只金毛犬,父母还没有做好准备要给孩子买狗,更别说价格这么贵的金毛犬了。那该怎么说服父母呢?我们可以这样跟他们说:

"其实狗狗不仅可以陪伴孩子成长,同时也可以让孩子养成更好的对待生命的态度。因为他可以通过养狗,承担起对待一条生命的态度,所以这是通过实践的方式给孩子做最好的生命教育啊,你说值不值得?"

我们都已经把买狗这件事上升到做生命教育，让孩子未来可以有更好的生命观、价值观了，他是不是就更有动力了？

第四条：让动机更充分的说服维度。

有些人之所以不自己做决定，是因为他的动机还不足够充分。我们要想办法从多个维度给他动机和理由，甚至有些时候要让他认为自己是出于大爱之心，是为了利他才做了这个决定。

比如说我们是卖按摩椅的，如果对方说"哎呀，这个按摩椅怎么这么贵？"我们该如何说服他呢？我们就可以跟他说：

"其实您现在已经在外边努力奋斗了这么多年，每次回家也没有特别好的休息方式，这按摩椅不仅可以缓解您的疲劳，还可以让您更有精力地去搞好自己的工作。同时您买回家不也是孝敬父母了嘛，父母为咱们操心大半辈子了，让他们用这按摩椅调理调理自己的身体，何乐而不为呢？"

我们这样说是不是让顾客的购买动机更多了？所以，多给他一些动机理由。比如说有一些特别有经验的销售员会跟客户说：

"你看这东西买回家又放不坏，反正早晚用得着。"这是动机一。

"同时，你看正好赶上咱们活动期，正好有这个特价。"这是动机二。

"更重要的是今天你做了这个决定，我还可以额外送你礼物和赠品。"这是动机三。

"所以你今天不买,错过了之后,有可能你要付出更大的代价,有可能会让其他竞争对手捷足先登。"这是动机四。

我们给对方提供好几个购买动机,对方无论从哪个维度找到必须购买的理由,都比较容易做出下单的决定。

6

销售就是要做渠道

线下实体店如何实现低成本获客，快速增加客流量

线下实体店如何轻松低成本获客，快速增加客流量呢？在本节，我送你五条建议。

第一条建议：用补贴产品吸引顾客。

我们可以把成本可控的产品拿出来，作为一种补贴制，吸引顾客过来。我们降低自己的门槛，免费体验，低价试用。那些陌生顾客虽然对我们没有信任感，但是如果他觉得参与一下，没风险或低风险甚至负风险，那么他就会更愿意过来消费。

比如有些会做生意的早点铺，会免费提供豆浆。我们喝免费豆浆，是不是要消费其他的东西呢？这就是用其他东西补贴

豆浆的成本。

还有酒吧，有多少女生过来，就送多少件啤酒。这是用男生在补贴女生，因为女生来了男生自然就会来。

还有卖打印机的，打印机免费或者低价销售，甚至大品牌的打印机也如此。但我们用上打印机之后，在换墨的时候，就必须用他们家的墨，用其他家的墨不好使。这是在拿墨来补贴打印机。

又如卖剃须刀的，刀架免费，但我们买完之后，得不断换刀片。这就是用刀片来补贴刀架。

这些都是一样的道理，都是利用补贴产品来吸引顾客，即用一种产品来补贴另外一种产品。

第二条建议：用名气产品吸引顾客。

用名气产品吸引顾客，最经典的比如有些餐馆，打造出自己的招牌菜，靠这个招牌菜实现口碑传播，带来很大的流量。这就是用名气产品吸引顾客。

麦当劳的巨无霸是用最好的面粉、最好的食用油、最好的原料加工而成，并且还不算贵，这就是名气产品。我们过来消费，吃上这个是不是就得消费其他的呢？

音乐组合摩登兄弟在抖音上火了，带动了丹东整整一条街，为什么？因为很多人为了见网红，就会到街上的其他商场、店铺消费。这也是用名气产品吸引顾客的例子。

第三条建议:打造独特化标签。

我们必须跟同行有一些不一样的差异化竞争优势。

比如同样是线下的餐馆,有些餐馆的铁锅炖,不像一般的餐馆,顾客过来时只坐那儿吃,而是会制造一个区别,就是顾客来到这儿,可以边吃边看二人转。虽然不是多么高大上的演出,可能也就是 30 到 60 分钟,很普通的演员,但是就会给别人不一样的体验。这就叫打造独特性。

又如宜家的一元冰淇淋、无印良品的小物件、餐厅的赠品泡菜,其实都是一种独特性的展示。别看这些动作小,持续稳定地去做,就会在消费者心里种下一种潜意识,让他们找到了过来消费的独特理由。

第四条建议:异业联盟互换流量。

比如一个餐厅,需要庞大的客户群体。

这些来餐厅进行餐饮消费的客户,很有可能来自街上的 KTV、健身房、比较火爆的按摩馆,或某个火爆的教育机构,等等。

这些 KTV、健身房、按摩馆、教育机构等,都是餐厅可以去谈的对象。因为,他们的客户也是餐厅的客户。餐厅跟他们没有竞争关系,可以跟他们搞一个合作关系,产生互补效应。

KTV、健身房、按摩馆、教育机构等,如果愿意给自己的客户发餐厅的打折券,当这些被打折券吸引过来的客户在餐厅消费，或被说服办了餐厅会员卡之后，餐厅私下里可以返给KTV、健身房、按摩馆、教育机构折扣。这对他们来说，几乎是白捡的，需要付出的，仅仅是流量的共享而已。

又如婴幼儿游泳馆，他们可以去找那些婴幼儿用品店、主题乐园，甚至可以找婴幼儿诊所来谈这种异业联盟的合作。

第五条建议：借助老客户进行裂变传播（见图6-1）。

我们一定要善于发挥每一个老客户，甚至是到店新客户的裂变传播价值。

我们给老客户的奖励不需要是实物，可以奖励积分之类的。比如老客户只要发朋友圈帮我们宣传，就可以得到相应的积分。积分到了一定程度之后，我们就可以给他返现多少、给他优惠多少，或者送一些礼物、抽奖的机会，等等。

总之，我们要让老客户有裂变传播的动力，有实实在在的好处。我们在设计每一个裂变传播机制的时候，不仅要让当事人有传播动力，同时要让所有看到的人也想点击进去深入了解一下，甚至有想购买及继续裂变传播的动力。我们要把这种活动的相关机制以及相应的利益、获得感提前规划好。

比如，北京有一个烧烤店，搞了九块九送99瓶啤酒的活动。大家可以算一算，99瓶九块九，一瓶啤酒才一毛钱，很有吸引力。当时他们是怎么做这件事情的呢？顾客如果分享朋友圈，分享多少，有多少点赞，达到一定的标准，就可以享受九块九办张卡。然后可以在他们那里喝酒，这次喝不完，还可以把剩下的酒存在店里，等下次来可以继续喝。顾客也可以把这张卡送给周围朋友，朋友想过来消费的时候，这儿有存酒，也都可以抵用。

这家烧烤店就是通过这样一种朋友圈裂变传播的方式，把生意慢慢地做起来了。

为什么？因为那么多瓶酒，既然我们不想浪费，那么每次消费我们都要点上一些他家的烧烤。

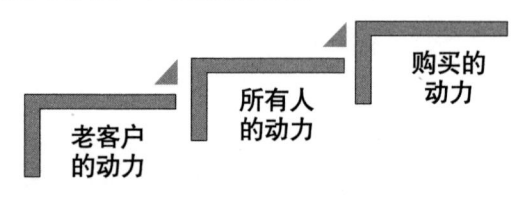

图 6-1　借助老客户进行裂变传播

本节我们讨论了快速低成本获客的五种方法，不管哪种方法都是为了让我们更快地获客，更快地、更轻松地增加收益。

顾客进店之后，如何跟他们打招呼

如果你是经营商店的，遇到顾客进店逛，你要用什么样的姿态去打招呼？用什么样的语言让对方更容易接受？或者用什么样的语言让对方在你这里逗留更长时间呢？

如果我们直接问顾客想买点什么，或者我们看到对方喜欢什么就直接说"喜欢的话可以试一试"，这样直接说，对吗？

我想提醒大家，尤其是经营服装店的老板们，很多导购员都没有经过专业的训练，一见顾客进来就问对方："您想买点什么？"这样的问题会瞬间激发对方的防备心理。因为这属于销售型语言。导购看到对方喜欢什么样的衣服之后，就开始说"喜欢的话就试一试"，这个时候已经开始进行销售型语言的推荐尝试环节，对方会变得很紧张，因为导购太有销售意味了。

跟人打交道，永远是先要动之以情。所以我们经常说动之以情、晓之以理，予之以利、击之以失。我们永远把动之以情放在前面，就是因为我们要先想办法让对方情绪上能够愉悦、放松。状态能够打开，心门能够打开，那么对方才会说真心话。

怎样实现这一点呢？

第一招：避免销售型语言，用朋友式的招呼动之以情。

在对方刚进店的时候，从我们打招呼的方式开始。

不要在对方防备心理很强的时候，用一些买卖的语言或者是推荐试用的语言，而是先要用一些朋友式的方式去跟对方打招呼。

比如，一个美女带着一个小孩进店，我们可以这样说："哟，小宝宝真可爱，几岁啦？跟阿姨说说你叫什么名字？"

这就是以一种朋友的方式在打招呼。我们没有直接导向到要买什么。

即使我们真的想问顾客要买什么，也要以顾客需要什么，想看点什么的方式表达出来。

"你想看点什么"比"你需要点什么"更重要、更实用，会让对方没有任何压力。而"你买什么"这种问话就会让对方一下子有点压力。

和顾客打招呼不仅是用对待朋友的方式去迎合对方，我们也可以去迎合对方的心情。比如："哟，是不是陪女朋友刚看完电影啊，看你们心情不错呀。"

甚至我们可以直接提及对方身上穿的，或者身上戴的。所有对方展示给我们看到的，其实都是对方想让我们看到的，有可能就是对方想要炫耀的地方。比如说："哟，阿姨，您的项链是真不错！我看着就想给自己妈妈也来一串儿。"

凡此种种，就是迎合对方，赞美对方，等等。

我们用一种迎合、赞美、欣赏或者是朋友式的问候，是我们跟进店顾客最好的打开局面的一种沟通方式。否则的话，任何销售买卖型语言都有可能会让对方反感，甚至紧张，以致对方很难在你店里逗留。

总之，在别人进店的时候，我们首先要避免销售型、买卖型语言，要用降低对方消费决策压力的语言跟对方打招呼。问"你买点儿什么"，不如问"您想看点什么"。

第二招：不要跟着顾客。

因为跟着推荐甚至是鼓励对方试用，这又是买卖型语言，这样的行为也会让对方有压力，对方就很难放松地在这里进行更长时间的逗留。只有让对方在我们这里逗留更长时间，我们才有更多的成交机会。

第三招：要让对方心情愉快。

要善用一些朋友式的方式，或者是用一些迎合、赞美、欣赏式的方式，让对方心情愉悦。

顾客进店，为什么要先推荐最贵的给对方

做导购员的时候，客户进店时到底如何给客户推荐商品，才是最正确的推荐方式呢？我们经常看见有些店面的导购员，比如说有些家具店的导购员，在客户进店后，直接就问："您好，您想买点什么？您想花多少钱？您的购买预算是多少？"

这种问话方式不仅不对，而且大错特错。我们不仅不能问对方的购买预算，而且我们还要给对方推荐最贵的。为什么要这样？原因有下面三点。

第一点，先跟大家说一个销售心理学测试。这是一个针对很多销售人员的测试。如果有人进店，有以下四种选择，你会选择哪种方式对待客户：

A. 先问完购买预算再进行针对性推荐

B. 先推荐最便宜的

C. 先推荐最适中的

D. 先推荐最贵的

有80%以上的人选择了A，就是先问购买预算再给对方针对性推荐。还有一些人是从最便宜的开始推荐。这都不是正确的答案。

虽然很多人都这样去选择，但真理不是掌握在大多数人手里，而是在少数人手里。真正拿销售冠军的都是选D，先给对方推荐最贵的。

为什么不建议先问购买预算再推荐？很简单，因为客户根本不会暴露他真实的购买预算。一方面报低了怕你笑话他；另一方面人家还担心万一让我们知道了他的购买预算，我们会不会坑他。所以千万不要那样做。

正确的应对方式，就是先把最贵的推荐给客户。不管他买得起买不起，这是一种锚定效应。我们把最贵的商品塑造起一个真实的价值，让对方能够感受到：哇，这真的太好了！即使对方买不起，但对方的心已经被我们吸引住了。即使他买不下这样一个最贵的，他也有可能买次贵的。至少他不会买最便宜的。

所以这就是为什么要先把最贵的推荐给客户的第一个重要原因。他买不了最贵的也会买次贵的，我们照样可以多赚钱。

第二点就是我们可以把最贵的卖给他，成交之后我们可以顺便再推荐更多的附加品给他，这样他更容易买下。为什么？因为人在购买了最贵产品之后，他往往就会有一种对比的心理效应，就是我们稍微再推荐一些比这个最贵的便宜一些的商品，就会让他觉得这些商品更便宜了。我们想想，他几千块钱的东西都买了之后，我们推荐他几百块钱的，或者几十块钱的商品，人家顺便就买了。

同时他还有可能买跟贵的比较配套的其他的贵重商品。比如说他买了一套三万块钱的沙发，他是不是得买那种相称的电视和高档的电视柜、高档的按摩椅等？这样我们就可以把这些高档的东西推荐给他，从而有机会达成更多交易。

又如，假设我们是卖衣服的。我们先把一套非常贵的西服卖给客户，那他是不是得配一条好的皮带？是不是该配条好的真丝领带？等等。

第三点就是我们把贵的产品推荐给客户，我们至少有很大的谈判空间。推荐便宜的产品，我们就没有多少利润，也没有多少谈判空间，到最后就是双输的结果。

这些就是我们要把最贵的推荐给客户的原因。

真正聪明的销售，不大关心客户买得起买不起、有没有钱。他真正关心的是，能不能千方百计地激发对方的购买欲望。我们要不断地去塑造产品价值，即使对方买不起，也有可能借钱来买。所以我们先把最贵的推荐给他，未来就会有更多的消费从这儿发生。

希望这一节能够为你带来新的启发。千万不要像过去那样，先问购买预算再给对方推荐。那并不是一个好的方式。

开门店要注意五种情况，否则顾客不愿意进店

不管是品牌店还是小商铺，客流量永远是每个商家最关心的问题。顾客就是一个店铺的衣食父母，客流量直接决定了店铺的销售额。如果不能及时抓住顾客的消费心理，那么进店的人越来越少，业绩惨淡将会是必然的结果。为什么路过我们店的人挺多但进店的挺少呢？有些销售员有可能犯了门店经营的以下五种忌讳，挡住了顾客进店的脚步。

第一种情况：门前有积水，或者是楼上在滴水。

顾客要路过我们门店，假如前边是积水，甚至是污水，是不是让人避之唯恐不及啊？假如楼上在滴水，我们没有进行管道处理，可能是空调外机的一些问题，可能是下雨之后我们没有进行合理的处理，一直是滴滴答答的，是不是会引起他的

注意？他只会想着怎么快速绕过去，哪有心思去关注我们的门店。

第二种情况：把清洁用品放到门店前面。

我们都知道待客之道有一条，就是当我们开始扫地的时候，基本上就是已经发出逐客令的时候。所以把这些笤帚、拖把、拖斗甚至垃圾桶放到门店门口，首先就给别人一个不卫生的感觉。别人不想接近这样一个污浊之地。而且这也降低了自己整个店面的形象，很难吸引人主动进店。

第三种情况：空调外机吹风。

有些店面把空调外机直接装在了自己门口的旁边，不注意吹风的处理。冬天吹冷风，夏天吹热风，顾客路过的时候，被吹一下多难受啊。他难受的时候，他就会把难受跟这家店挂钩，他哪还有心思走进店里，再去欣赏店里的好东西。

第四种情况：店内有异味飘出。

有些店面，有发霉的味道，或者是其他奇怪的味道，并且还很浓。我们想想，这种味道飘出来，本身就让人很不适了，那他还会有心情冲进店里，欣赏或购买我们的东西吗？不太可能。

我们平常在店里待久了，可能会嗅觉麻木，自己闻不出来有什么样的异味，但是我们可以让邻居或者一些朋友进店里，帮我们把把关。否则我们一直觉得没问题，但就是一直找不到别人为什么不进店的原因。

第五种情况：店里的灯光太暗。

要知道灯光一暗就显得特别没有活力，死气沉沉的。有些店长可能是为了省钱，或者是他可能觉得白天阳光也足够，所以就不开灯了。但是我们必须先评判在外边看店的感觉，而不是站在店里去感受。店里打开灯之后，就会感觉很明亮，很有活力。这样的话有可能会引起更多人有冲动进来，去了解并购买我们的东西。所以我们的灯光要明亮而温暖，以吸引更多人。

以上就是门店经营的五个方面的忌讳。当然了，我们门店经营还有很多应该注意却没有注意的小细节，比如说在门店门口放了一些残败的植物，或者是门店门口被贴了好多乱七八糟的小广告，而店员却不注意清理，等等。这些都有可能影响顾客主动进店体验的心情。

顾客嫌你们店里款式太少，如何回应才能挽留对方并成交

做销售的可能有这样的体会，无论店内有多少产品，顾客在没有了解到它们的特点之前，都会觉得款式少或是觉得没什么好看的。有些顾客走进门店，逛了一圈，说没有喜欢的，你们的款式太少了。遇到这种情况，我们到底该如何有效回应才能促进成交呢？在这一节，我将提供三招，帮助你解决这一问题。

在介绍这三招之前，我们首先要规避一种不专业的回应方式。那就是："不少不少，还是蛮多的，只是你没看到。"顾客会想：什么意思啊，你是说我眼瞎吗？你说我没看到，难道你藏起来了，那为什么不摆出来呢？所以这种回应方式非常不恰当。那到底该如何正确地回应呢？下面是三招正确的回应

方式。

第一招：ATC 回应法。

A（Accept）代表接受、认同；

T（Transform）代表转换；

C（Convince）代表说服。

我们可以先接受和认同对方的说法，让对方觉得我们理解了他。跟对方建立同频之后，我们再把对方的表面问题转移到利于说服的赛道上。这是这个方法的奥妙之处。比如对方说完之后，我们就可以先快速地接受和认同一下："您还真说对了，我们家的款式确实有点少。"

这样的话，对话就同频了。同频之后我们就马上转移他的问题。那怎么转移呢？可以这样说："其实您真正关心的不是少不少的问题，而是能不能够买到适合自己的产品，对吗？"这样对方肯定会正面回应："那肯定是。"

接下来我们就可以问他："那您到底需要什么样的产品呢？您能不能给我说说您具体的诉求，您想用在哪里？"

这就把对方在意少不少的问题转移到适不适合的问题上。然后再想办法问对方想要什么，以给他推荐合适的产品。

第二招：重点引导法。

我们可以把对方的注意力焦点，重点引导到某些我们想推荐的区域。比如对方说："你们款式太少了，没有我喜欢的。"我们可以先回应他："您这样说我也能理解，毕竟您这一眼看过去很难快速找到自己真正喜欢的、需要的，因为我们的衣服确实也不少。这样，我们那边有一些最新、最潮、最流行的、我们品牌自主研发的相关新品，您有什么样的需要，我可以重点给您推荐一下。然后您可以穿上试试，觉得好不好的，最后您自己做决定。"这样我们就可以把对方的注意力焦点，转移到另外一个地方了。

第三招：化缺点为优点法。

无论是对方因看多了而审美疲劳了，还是因为一进店的时候感觉确实少，没有让他眼前一亮的，只要他说："哎呀，没有喜欢的，你们的款式太少了。"我们就可以先回应他："哎哟，您说得真对，我们的款式确实少，因为我们一直坚持贵精不贵多的生产理念。我们每一款产品都有独特的生产理念，您也知道质量好的一般情况下款式都不会特别多。为什么？因为生产成本在那儿摆着。不是每个同行都愿意这样去做的，而我们一直在这样坚持，因为我们希望能够出精品。"

而且我们也可以跟他说："当然精品也不见得一定贵，我们今天也有很多高性价比，同时也特别流行、特别时尚的精品，看看您需要什么？"

总之，我们最后要把问题转移到"您需要什么，您有哪些具体诉求，您想穿它应对哪些场合"这些方面来。只要我们能够把这些具体诉求问出来，就可以轻松"拿下"对方。

顾客说"这两个都不错,我该选哪个",如何给建议才能让其满意

如果我们是导购员,顾客说"这俩都不错,你说我该选哪个呢",我们到底如何给顾客提建议,才会让顾客满意,并且减少后续自己的风险呢?在这节,我将送出三条有效的建议。

在讲这三条有效建议之前,先说一些错误的应对方式。

有些导购员着急想成交,直接就给对方推荐建议了:"我觉得这个好,你选这个吧。"

这样顾客有可能心里就在嘀咕:是不是这个能够让你赚更多的提成啊,竟然都不给我分析为什么选这个,就开始建议我选择这个,到底存的什么心呢?

他有可能会负面地猜测我们的推荐,甚至到最后对方可能

会再找一个借口直接离开店面。为什么？因为他觉得我们另有所图，或者我们不是站在他的角度考虑问题的。所以这样一种直接给顾客下结论的方式，不是一个好方式。这种方式不仅会让对方揣测我们的目的，同时还给我们自己埋下了祸根。万一对方接受了我们的建议，他后期用起来有任何的不满意，要调换、要退货，到最后这责任都可以推到我们身上，因为当时是我们替他下的结论。

所以越是顾客说他准备要交钱了，我们越不能着急，越是要站在专业的角度中性地、客观地、公正地给对方分析，并且拿出我们的同理心，发自内心地站在为对方好的角度给对方分析。这样的话才会让对方觉得我们说得合情合理，对方也更容易接受，后期也不会有太多的风险。

那怎么做到这些呢？这里介绍三条有效建议。

第一条：询问对方的使用场景。

"您买这款衣服准备在什么样的场合穿呢？您是出席社交场合多呢，还是出席商务场合多呢？"

让他先给我们提供一些相应的背景信息，方便我们去分析。

第二条：给对方描述风格、特点、区别。

告诉顾客我们这一款产品的特点是什么，用了什么样的材质，是什么风格的，更适用于什么样的场合，等等。

我们这样分析完了之后还能够显出自己很专业，并且很负责任。给对方提供相应的数据、逻辑和参考，让对方自己去分析。如果他经常出席某种场合，这个刚好又适用于那个场合，他自己心里就有答案了。

这就是描述风格特点的方式。即通过我们数据的提供、逻辑的推理、专业的分析，让对方自己找到答案。

第三条：请教对方建议。

我们永远不替对方拍板。我们给对方提供各种数据、特点、逻辑之后，询问一下他："既然您经常用于那种场景，您更倾向于哪个呢？您觉得哪个更适合您呢？"

把这种问题的压力反馈给对方，让对方自己做决定。因为我们已经给对方拆解透了，对方做决定也会很快，他不会太纠结的。

这种回应方式，至少会化解我们后续的风险，因为我们至少没有替他做决定。同时对方会觉得我们很专业，认为我们是站在他的角度来考虑问题的，就是他会觉得我们的出发点是善意的。如果直接给对方提供一个答案，会让对方猜测我们是不是另有所图。

希望这三条建议，可以帮你搞定更多犹豫不决的客户。

顾客说"不要赠品,给我便宜点",如何回应才能顺利成交

在推销产品的时候,客户说:"我不要赠品,你给我便宜点就行。"遇到这样的客户,我们到底该如何有效地回应他呢?在这一节里,我先跟大家讲讲错误的回应方式,再给大家讲讲如何正确地回应。

第一种错误的回应方式,就是直接生硬地表达:"抱歉,赠品就是赠品,不能当现金使用,不能抵任何优惠。"

这样说客户能舒服吗?肯定不舒服。因为这根本没有照顾到对方的心情,并且回答得太生硬、太直接,很容易影响客户体验。

第二种错误回应方式,就是直接把责任推给公司:"公司有规定啊,只能送赠品,不能再便宜了啊。"

这样说就属于推卸责任的一种表现,并且还容易影响整个

公司的形象。别人一提问题，我们就把责任推卸给公司了，这样就会让别人觉得我们根本没有把别人的问题放在心上。所以这种态度很不受人欢迎。

第三种错误回应方式，就是直接跟客户顶撞："这绝对不行，你这不无理取闹吗？赠品就是赠品，不能搞优惠，你不要算了。"

如果我们敢这样去说，想想看，这说得多尖锐啊！万箭齐发，直扎客户的心，这就很容易会激怒客户。

所以千万不要用以上三种回应方式。那到底如何正确地回应呢？送你三招。

第一招：解释赠品和正品毫无关系。

比如可以这样说："美女，我能理解你的心情。如果能把赠品转换成现金来抵优惠的话，那确实很不错。可关键是我们这个赠品和正品完全没有关系，它纯粹属于额外赠送的。你即使不要，我们这款手机也便宜不了。所以我建议你还是拿着吧，不拿白不拿。要是白给我，我也会拿。"

我们这样说完之后，对方也就不会跟我们争执了。

第二招：强调赠品价值。

有些人不想要赠品，是因为他没有发现赠品有多值钱，或者多有价值。针对这种情况，我们可以这样说：

"这款耳机是只有我们这次活动才有的额外福利，仅此一次哦！有多少年轻人就为了买这个耳机，都额外花好几百块钱。所以拿下它之后即使你不用，拿它送人都很有面子，绝对不丢人的。平时有些人想要都得不到呢！所以你正好赶上了，多好的事儿啊！"

我们这样说，对方也很难再跟我们反驳了。

第三招：通过赞美来满足顾客的虚荣心。

比如可以这样说："美女，真是抱歉！这款赠品我们确实没有办法给您抵优惠。不过我看您这么有气质，一看就是特别有成就的女性，我相信您真正在乎的一定不是这点优惠，而是这个您真正喜欢的宝贝是不是抢到手了。说实话，再晚来一天您花多少钱都抢不到这宝贝，所以您真的是走到哪里都特别走运的人，我特别羡慕您这种人。"

我们都已经把对方架起来了，对方还好意思继续跟我们谈价钱吗？所以我们要想方法用捧杀的方法，把对方捧起来，直接搞定对方。

以上跟大家解说了三个正确回应对方的方法，总结一下：

第一点，谈赠品和正品毫无关系：这是额外白送的，不要白不要。

第二点，要跟他强调赠品价值。

第三点，要通过赞美来满足他的虚荣心，让他不好意思再砍价。

顾客进店后，如何引导其试用体验以促进成交

　　顾客进店后，没有明确表明自己的购买意向的时候，往往需要我们店员的跟进引导。如果客户进店后店员没有做出正确的引导，往往会造成顾客流失。其实对于店员来说，这些进店的顾客都可能成为潜在购买客户。顾客进店如何引导其试用体验以促进成交呢？在这一节，我将提供三条有效建议。

　　在说这三条建议之前，我们首先要了解一个数据。据统计，一个人进店之后，只要试穿、试用、试尝了这家的产品，往往成交率就可以达到40%至65%。所以无论店里经营的是什么，我们都要想办法第一时间把顾客推荐到我们商品的体验上，让他参与其中，找到感觉。比如我们是一个开服装店的，到底如何推荐客户进行试用体验，并且促进成交呢？这里有三条有效建议。

第一条：用最快的速度把商品放到顾客手中。

比如顾客进店之后，一直盯着某个商品，或者谈到某个商品，甚至开始表现出对某个商品很感兴趣。我们该怎么办呢？我们要快速地把它取下来，放到顾客手中。千万不要让它停留在货架上，因为停留在货架上的商品或者衣服，顾客是没有试用、试穿冲动的。所以我们只有把它取下来，放到对方手中，对方才有试穿、试用的冲动。他越摸着那个面料或者越翻看着这个商品，他就会越有感觉。这就是第一步：我们要最快地把顾客感兴趣的东西放到他手中，一秒钟解决这个问题。

第二条：要想办法去用肢体语言引导顾客试用试穿。

比如顾客进店了之后，他开始谈到自己对某方面感兴趣，我们快速把商品拿给他之后，直接引导他："试衣间在这边，这边请！"

或者假如我们是卖按摩椅的，我们直接让他坐在按摩椅上："哎呀，今天先不用谈论商品，您先过来体验一下。"

或者对方反映他自己的颈椎一直有什么样的问题，我们就可以这样说："哟，您说您颈椎有问题啊，那您到这款上来，您先体验一下。"

这就是让对方先得到一些实惠或者占到一定便宜，或者让对方通过体验找到那种感觉。这样的话，我们后期再谈商品的时候，就更容易实现成交的目的。

第三条：要尽量真诚地赞美顾客的眼光。

在对方试用或者试穿我们家的商品之后，我们要结合一个万能公式去赞美对方。什么万能公式呢？分三步：顾客特点＋产品特点＋穿后效果。

我们要先表明对方有什么样的优势特点，再表明这个商品刚好又有什么样的优势特点，穿搭起来刚好能凸显对方什么样的优势，让对方的某个方面显得更好，等等。我们用这样一种万能公式去赞美对方，就会给对方很匹配的感觉。

比如，对方试穿我们的衣服出来了之后，我们就可以这样去赞美他："哟，您这腿呀，本身就长，刚好配上我们这样一个条纹状的，就会显得您的腿更加修长。"

如果衣服是宽松式的，可以这样说："哟，刚好配上我们这样一个相对宽松式的，就显得您身材更加匀称。"

总之，我们想怎么说就怎么说。原则就是结合对方特点和产品特点，说出一个优点，让对方感觉这种搭配效果正好是自己想要的。

又如对方身材可能没那么好，我们就要想办法挖掘对方其他的优势。比如，对方的眼睛大，我们可以在他试穿完了之后，直接说：

"哟，您看，您这大眼睛配上这大花纹，刚好适合这种风格，穿出去特别能显出您的精气神儿，一般人穿不出这种效果来的。"

我们结合对方特点和衣服特点，最后就突出了这种搭配的效果。

路人很多但进店的很少，如何吸引人们进店消费

不管是做老板还是做销售员，当然希望路人都进店，可有时候是路人很多，但进店的很少。那怎么吸引更多的路人进我们家店呢？我为大家提供三条建议，让门店客户倍增。

第一条：花式拉客。

所谓花式拉客，就是我们变着不同的花样，主动出击，拉客户进店，不要坐等客户上门。现在做生意，如果我们不主动出手，而别人主动出手了，本来是我们的顾客也会到别人那儿去了。就像同样是餐馆，各个餐馆现在都流行派专人出来主动拉客。比如，一辆车开过来了之后，让他的车停在哪个停车位就非常重要了。那个饭店的往那边引导，这个饭店的往这边引

导,那就看谁引导的能力强了。

我就曾经遇到过这样的情况,刚开进那片区域,两个人给我引导,指的是不同的方向,一个人往这边摆手,另一个人往那边摆手。我为什么最后就特别认同这一边,一下就被他引导去了呢?因为那哥们动作太夸张,直接给我来个大弓步,倍儿有力。在那种情况下我们很容易被他影响。所以我们去拉顾客的时候,声音要洪亮,动作要自信,笑容要由衷。我们自己这种全身心投入的状态,是最容易影响客户当下决策的。

还有一些店特别搞笑,专门用木偶人拉客。他不止用一个木偶人,而是用两个,见着客户走到附近要选择饭店了,看客户犹豫,直接两个人一块儿引导。顾客不来,还两个人架着往这边引导。因为本身是木偶人,戴上道具之后就显得比较滑稽,顾客就不好意思跟他生气,甚至觉得挺好玩儿的。这也是花式拉客。

还有些店里专门派一个能唱会跳的人,直接在他自己的门口,拿着话筒唱歌,或者直接在那儿跳舞,男的男扮女装去跳舞,为的就是吸引大家眼球让更多人进来。以此显示我们店里的气氛是愉快的,是一家有人情味、有温度的餐厅。他给别人传递了一种很好玩、很有意思的感觉。不管用什么样的方式主动出击拉客户,都是一种花式拉客。

第二条:花式体验。

我们为什么会去海底捞?因为海底捞的等位体验是所有餐

厅中最好的。他们专门在店前边的等位区划出一个区域，并且顾客在那里能下棋，能吃水果，能喝饮料，能带宝宝在那儿玩。这就是花式体验，吸引顾客在这里聚集。

除了海底捞这样一种比较有温度的等位体验之外，也还有其他类型的花式体验。比如有些餐厅，他们专门安排一些特色节目。我家附近就有一家铁锅炖餐厅，这铁锅炖餐厅本身没什么特色，但是他直接在大屏幕上打出一个"每天晚上六点到七点有二人转"。来这儿可以边吃边看二人转，人们就会更愿意过来。因为这是一种不一样的体验。

还有一些情况，有些卖烧烤的网红，就是靠一些关键的穿着或者动作，比如撒胡椒面的那个关键动作，在网络上受到欢迎。因为这是一种另类的体验，让很多人觉得特别好玩儿。

这就是花式体验，我们自己也要变着法子推陈出新，让别人觉得我们的餐厅有不一样的体验。就像有一些相对比较高端的餐厅，专门设置一些相应的节目给大家体验。比如我们去内蒙古的时候，当地人会把我们带到蒙古包里观看他们表演赛马曲及各种弹唱跳舞，有时还会送给我们哈达，等等。这就是一个另类的体验，以吸引顾客在这里进行高端消费。

第三条：花式宣传。

我们可以用各种有诱惑力的信息，以及各种各样博人眼球的宣传方式，抓住别人的注意力，从而激发好奇心和兴趣，以引起更多人的围观，并过来体验。就像前几年王宝强、马蓉事件发酵的时候，就有很多商家借助事件进行相应的花式宣传。比如，有些商家会在门口立个大牌子，直接写着：如果你的名字中有"王"字，可以享受××折扣；如果你的名字中有"宝"字，可以享受××折扣；有"强"字的可以享受××折扣；如果你的名字中"王""宝""强"三个字都有的，直接半价。

还有每次奥运会期间，有些店面就开始利用奥运会相应的事件，或者是某些社会新闻事件，进行花式宣传。因为大家比较容易围观这些事件。

当然，我们除了要做花式宣传，还要设计相应的诱惑性信息，不光是一种猎奇心理的激发，我们还要想办法激发别人占便宜的心理。比如很多商场经常会在门口立个大牌子，上面写着"进店就送礼"或者"一折起"等，其实这都是花式宣传的一种形式。通过抓住人的眼球，吸引人进店消费。再如，有些商家会专门通过各种视觉和听觉的冲击，来吸引人们进店。比如，有些店面专门挂了横幅、大海报，全都是黄色大字体，写着马上要撤店了，原价多少（打叉），然后现价多少，特别低。还有那些门口安个大喇叭，天天喊着"江南皮革厂倒闭了"的，都是这种花式宣传的套路。

7

新兴业态激活销售新技巧

顾客说"网上比你们店的更便宜",怎么回应才能成交

电商平台的兴起和发展,对线下门店产生了一定的冲击。很多顾客潜意识中会认为线上的产品要比线下的便宜很多,所以他们往往更倾向于在网络上购买产品。而作为行业从业人员,我们知道,很多大品牌线上线下销售的产品是有一定区别的,线上并不一定比线下便宜。但顾客并不这样认为,顾客说同样的东西我在网上买比在店里买更便宜。我们该如何回应,才能成交呢?可以从以下四种方法着手。

第一,差别分析法。

我们要通过我们比较内行、比较专业的语言给对方分析这个产品跟网上的产品还是有差别的,让对方意识到他如果真从

网上买了，那是一个相对比较吃亏的选择。

比如我们可以这样说："这类东西看着大同小异，但你真正买回来就知道了，这做工、面料都是有很大区别的。我们做这行都做多少年了，还不懂吗？为什么我们今天在实体店仍然是这样一个定价，我们走货还走得这么好，原因就在这儿。所以我们根本不怕网店对我们的冲击。"

当然，如果是一个品牌加盟店，我们也可以这样说：

"其实做这行这么多年了，我们都知道，品牌方公司都会把产品分为山峰产品和山谷产品，放在不一样的销售渠道上。你真正拿来对比，还是会发现有区别的。否则你想想有这方面的价格差，虽然价格差并不大，但如果大伙儿都不从我们这儿买了，都从另外的网上销售渠道买了，品牌方公司是不是得给我们赔付一些钱呀？是不是得给我们补贴呀？但是没有那么回事儿。"

我们这样说完之后对方就觉得好像是那么回事儿，反正就听着我们说得挺专业、挺懂行的。并且我们还给了对方一种感觉：你今天能提出来的，我们其实比你更早就知道了，但是我们仍然坚持这样去做，并且销量还很好。这样就会给对方一种"你不说我也知道，你说我们，我们也不怕"的感觉。

第二，风险分析法。

我们得让对方意识到，如果他真去网上渠道买，看似差不多的东西，到最后有可能会买错；有可能会买到假货；还有可能会因为物流的问题，最后造成其他损失；还有可能会耽误很长的时间，等等。我们要让他意识到相应的风险。

首先是买错的风险。比如，今天我们如果从网上看中一个东西，买了以后，经常会有尺码各方面不合适的情况，实物跟图片不一致，尺寸不合适，到最后我们换货还得承担相应的邮费，花费很长的时间，有时甚至还会出现无法换货的情况。

其次还有买到假货的风险。网上的赝品可能更多，有些商家专门做一些山寨品。

再次是物流的风险。让对方意识到，他不买也没关系，他如果真想走网上渠道也可以走。但是我们也知道快递公司赚的是速度的钱，如果他真的从网上买了一些瓶瓶罐罐的东西，到家了之后有可能都已经经过了很多的摔打，那还经用吗？就不说它真坏了，它未来坏的概率是不是更大一些呢？未来如果出现里边的零件被震得不到位了，那到最后算谁的责任呢？有没有可能就被当成是顾客自己使用的问题呢？

所以我们要给他描述这种物流的风险。

最后就是到货时间的风险。要让他明白：如果走网上渠道，到最后拖了很长时间才可能拿到，等拿到了之后，可能会发现这跟原来看到的又有一些差别；甚至有些物流，还需要去自提，这都要耗费很多的时间精力；不管开车去还是打车去，这都是成本。

第三，靠谱性分析法。

我们除了可以用前两种方法去分析网购的风险，还可以结合自身特点去分析我们实体店的优势、实体店的靠谱性。比如我们可以从匹配度上去分析我们的靠谱性，可以这样说："你今天在我们的实体店，可以随意地挑，随意地试用试穿，到最后你买到适合自己的、喜欢的、匹配的，这样的话，至少不花冤枉钱呀，不走弯路啊。"这叫匹配性靠谱。

另外一个是质量靠谱："你可以在我们这儿现场进行自我检测，你可以查我们各种证明。"

除此之外，还有立即可用的靠谱："你今天在我们这儿，各方面挑挑拣拣试用完了之后，你若发现真不错，马上就可以买回家，今天晚上就可以用。"

还有就是退换货的靠谱："你看我们店本身就在这儿，跑得了和尚跑不了庙，对不对？"

最后是满意度靠谱："并且我们在这儿都已经经营很多年了，我们对你的满意度是有相应责任的。你今天如果有不满意，在我们这儿大吼大叫，就会影响到我们的生意，所以我们一定会想办法服务到你满意为止。"

第四，额外优势分析法。

分析我们实体店相比于这种网购，我们有哪些额外的优势。比如刚才我们提到的这种退换货的优势，我们更便捷、更能够增信。因为跑得了和尚跑不了庙。所以这是退换货的额外优势。

我们还可以使顾客更方便地过来免费维修保养，有什么问题第一时间找到我们，我们会免费进行相应的答疑和处理，后期有了问题我们会更快速地去解决。这也是一种额外优势。

当然，除此之外我们还可以让对方意识到：在我们实体店购物，有更专业的导购，可以完全根据你的喜好和需求，量身定制更专业、更适合你、你更喜欢的方案，这个在网上是很难实现的。这又是一个额外优势。

我们实体店还可以提供各方面的增值服务。比如，我们经常会搞回馈老客户的活动，包括我们在周年庆的时候，会给我们的老客户赠送年卡，每次过来可以享受折扣，或者是有机会参加线下一些沙龙活动，等等。这都是在实体店可以方便操作的一些事情，而在网上是很难做到这点的。

如何让顾客能在店里多待一会儿，以提高消费率

　　顾客一旦进店，导购就要想办法多让顾客在卖场停留，这样可以增加成交机会，同时也能聚集本店的人气。当人气很旺的时候，就会形成良性循环，吸引更多人进店。如何让顾客能在店里多待一些时间，进而产生更多的消费冲动呢？在这一节，我为大家提供三条建议。

　　对于大的店铺或是一些商超卖场，一定要记住，如果顾客来这儿就是简单一逛就走了，他的消费总金额一定是少的。所以我们能够留住顾客的时间越长，往往就能让他有更多的消费冲动、做出更多消费决策。那我们到底该怎么做呢，以下将详细解析。

第一条：要设计好顾客进店的行走路线以及相应的磁石点。

所谓磁石点就是能够抓住他眼球，能够产生吸引力，甚至是让他产生好奇心，愿意花更多时间去琢磨的相应陈列。行走路线我们也要设计好。就像现在有些商超，经常要变换格局调整各个区，比如食品区、蔬菜区，以及一些酒类区，等等。这其实就是要让顾客每次过来都有不一样的体验，能够在这里停留更长的时间。因为他停留时间多了，就很容易被我们相应的特色陈列所影响。

从磁石点的角度来说，我们可以区分三种情况重点设计：

第一种，进店门口的磁石点设计。进店门口我们一般要设计一些比较普适的、普惠的，让很多人一进来就觉得这是人人都可能用得着的，并且是相对比较廉价的商品。

第二种，我们还要能够吸引他往里走。走到里边就会有导购去引导，里边的灯光也相对比较明亮，特别能够让对方觉得我们的产品比较上档次，比较时尚。因此，一般我们的特色新品，比较高大上的商品，能够让人惊叹的商品，是要让人走到深处去感受、去体验的。为什么要放到深处，因为在那里会让人的视觉注意力不受其他影响，这样就可以多消耗一些时间，从而更容易使人做出消费决定。

第三种，就是促销品和配套小商品的陈列。我们在收银台或者出口处，可以陈列一些打折品或配套的高利润产品，但要陈列在人更容易看到的地方。比如说买完一些相应的主产品之后，临走要出去了，在结账的地方又有一些促销打折的小商品或者是一些相关的配套性产品，他往往被提醒一下就更容易下单。因为大额消费都已经消费完了，买点配套的小东西，相形之下，就会觉得这小的更便宜了。比如说我们卖完西服之后，再卖给他领带，或者其他配套的东西，其实是很容易的。

第二条：店铺布置一定要讲究熟悉感、体验感和造型感。

熟悉感就是我们让对方进来之后，仿佛在家里一样整齐有序，并且让他感觉到很温馨，以触动他的感觉细胞。若他的感性被激发，他就会很容易产生消费冲动。

另外，我们要布置一个让他更容易体验的区域，体验感要创造好，争取体验区设计得仿若他家。比如说我们是卖按摩椅的，按摩椅一般是放到家里的客厅，那么我们就要尽量制造客厅那样的场景感，让他去体验的时候仿佛被带到了家里，这样的话他就会更坚定地做最终的消费决策。

还有就是造型感。有些人进来之后，他很容易被我们相关的陈列所吸引，是因为我们总有吸引人的特别突出的一面。比如曾经有一个婴幼儿游泳馆，经过装修之后，妈妈带孩子过来游泳的时候，都喜欢到处拍照，到处录像，她们还主动分享到朋友圈。为什么？因为那里造型时尚，显得很"高大上"，去那里就宛如带着孩子体验了一次小贵族生活，而人人都有炫耀欲、表达欲，所以会主动分享。

第三条：我们在接待顾客时既要显得专业严谨，又要显得灵活有温度。

简单地说，就是我们要让顾客觉得我们"很专业"，值得信赖；同时又让顾客有自己的独立空间，感受到我们的人文关怀。比如，顾客进店了之后，我们最好能够让他有一个自己浏览的空间，给他十几秒独立浏览的时间。接触他的时候我们也要试问一下，他到底喜欢些什么，需不需要我们的推荐。如果对方说"我自己先看看吧"，我们就可以先忙其他的事儿了。但是我们要用余光去观察他。总之，我们不要在顾客不想让我们介绍的时候，一直在那儿喋喋不休，一直紧跟着对方，这样会给对方很大压力，让对方很不舒服，对方有可能会因为不舒服就直接走人了。同时我们还要注意在顾客进店之后，不要做跟工作无关的事情。比如，我们没有照顾顾客的感受，一直在旁边跟另外一个店员聊天，或者是自己在那儿玩手机、玩游戏，或者是在那儿吃东西，等等。这些行为，都会让别人感受到我们的"不专业"和忽视，没有人文关怀。

餐饮店如何提高翻台率,又不会让顾客反感

餐饮店为了提高翻台率,怎么撵人才不会让顾客反感呢?在这一节,我将为大家提供四招。

在说这四招之前,我们首先还原一下情境。一般在周末或者节假日的客流高峰期,很多餐饮店非常忙碌,但是,有些顾客吃完了坐在那儿跟朋友聊天,一直不走,这样的话很影响店里的收益。我们该怎么样请客送客呢?总不能直接撵人吧。

有些服务员,可能也非常礼貌地去提醒对方:"您好,实在不好意思,中午我们这儿用餐人数相对比较多,外面还有很多人排队,您看您还需要多长时间?"这样的说辞看似很礼貌,但顾客也会觉得不开心。

那么,我们该怎么做呢?可以试试以下四招。

第一招：提高服务效率。

我们可以从员工的上菜、传菜、出餐以及整理台面等各个环节全面提高效率，我们加快了员工节奏，顾客的节奏也会跟着一起加快。

就拿整理台面来说，比如，顾客已经和他朋友吃得差不多了，我们可以先想办法撤盘，尤其是撤那些大盘子，大盘子一撤，桌子就空了，顾客还聊什么呢？如果顾客都是些小盘子，并且都吃完了，没关系，那些不收了。为什么？因为桌子上有那么多小盘子，顾客也会给自己一种心理暗示：看来吃了不少了，是不是该走了？

我们通过整理台面的艺术和时机，可以提醒到顾客。

比如在外边吃火锅的时候，我们经常会遇到提前撤盘这种情况。顾客吃完提前撤盘之后，就会觉得没必要再待在那儿了。

第二招：改进餐厅环境。

我们既然是快餐行业，一切设置都要从快。比如说音乐的设置、氛围的营造，都要拿出快节奏，以带动客户的进食速度。

比如放音乐就不能放轻音乐，得放那种快节奏的音乐、重金属音乐，仿佛提醒顾客快走、快走、快走。

员工之间的沟通也都要非常急，最好是跑步沟通。以海底捞为例，我们去海底捞吃饭的时候，会发现所有的员工都是跑步式沟通，快节奏、快氛围带动顾客的进食速度。

店里的桌椅板凳的设计也是一样，我们不能设计得太舒服。设置成这种情况，顾客坐那儿就不想走了，窝在那儿"葛优躺"。我们得想办法用那些相对比较硬的桌椅板凳。如肯德基、麦当劳里面，用的就是让顾客坐着很不舒服的硬的椅子。这样，时间长了，顾客觉得不舒服，就着急想赶紧走，从而快进快出。

第三招：加快顾客点餐和埋单的节奏。

有数据显示，食客外出就餐有20%到25%的时间都花在点餐和埋单上，所以，我们要在这两点上设计一下。

比如，为了加快顾客的点餐速度，我们可以在等位区提前拿着我们的菜单和点菜器，让顾客提前点餐，跟他们说这样的话可以节约时间，让他们一进来就可以吃到饭了，然后也让餐厅师傅提前准备。我们甚至可以让顾客提前埋单，顾客吃完了就可以直接离开。

有些餐厅为了加快顾客点餐，还会专门设计自己的菜单，比如招牌菜的突出、组合套餐的突出，这些都是为了让顾客减少犹豫时间。避免在那儿选了半天还不知道自己要吃啥，从而节约很多时间。

第四招：借助过度服务来提醒顾客。

顾客都已经吃完了，在那儿闲聊，我们可以用一些看似热情的过度服务，来适当地打断一下。

比如，适当地问一下顾客还要不要加餐，要不要加菜，要不要添酒，或者要不要续水，并进行适当的撤盘。这些看似热情的过度服务，会提醒顾客该走了。有些顾客可能不太喜欢这种被打断，可能就提前站起来离开了。

顾客试了很多商品，如何让其不因为选择恐惧症而跑单

虽然说每一个进店的顾客都是潜在的消费者，可并不都是爽快人。有些磨叽的客人买一件衣服要试十七八件，这也就算了，关键是试完之后他又说我们衣服质量不好，不买了，销售员此刻的心情估计就很不好了。这一节，就将介绍店里顾客只试不买时，我们要注意的三件事。

第一，尽量不要让他试穿超过三件。

因为一旦超过三件，他就会处在一个选择迷茫的困境之中，在选择迷茫之下，最容易走向不选择。因为选择太多了，他自己都不知道到底喜欢什么了。

我们让他继续试穿下去的话，他有可能就会习惯这样一种

试穿，享受这样一种试穿的感觉，忽略了购买的决策。这不是一个值得鼓励的趋势。我们要想办法把他的试穿数量控制在最多三件。这样的话，我们也可以更明确地给对方推荐他更喜欢的款式。

第二，集中式地推荐某一项最有可能实现的成交。

因为每一次他试穿的过程中，我们都可以看到他的表情，通过看他的表情，或听他旁边的人的评价，基本上就大致可以推测他比较倾向于哪方面。那么我们就抓住这一点，着重在这一方面添油加醋、煽风点火。比如有个女顾客，她试穿到第二件的时候我们就可以说：

"其实还真是，像你男朋友刚才说的，我也是更觉得第一套更适合你。因为你身材比较瘦，然后第一套是这样的颜色，能够更显出你的身材，让你的身材显得更匀称一些，同时又突出你腿长的优势。多好啊！"

我们能分析出原理来，让对方通过我们专业的分析，找到自己购买的理由。

第三，如果我们挡不住他试穿，就在后面推荐高价的货品。

为什么一定要推荐高价的货品呢？因为这样做有两个作用：

一是如果他试完高价货品觉得不合适，他至少通过价格的对比，觉得前边试穿的更合适，性价比又相对比较高。二是如果他觉得这个高价的挺合适的，他下单购买了，这也提高了我们这个店里的营业额和利润空间。所以不管他走哪个方向对我们都是有利的。当然更多的时候，他试穿完了高价货品之后，我们更容易把他拉到他原来可能一直纠结的某项选择上。我们再着重去塑造这项产品的时候，我们又多了一个塑造点，就是它的性价比。刚才我们只是塑造它在各种场合的适用性、和他身材的匹配性，现在我们又多了一项性价比的说服优势，从而更能促使他购买。

如何选品,才能避免囤货卖不出去的风险

怎么判断一个产品好不好卖呢?如果不会选品,我们囤再多货也卖不出去,到最后只是浪费钱。在这一节,我将给大家介绍四个选品法则。

第一,独特优势法则。

我们选产品的时候要看一看,它到底是否属于"我们有别人没有、别人有我们更优"的产品。哪怕它只是在外观上、技术上、功能上,或是文化上的某个点有特别突出的优势,都比较容易出售。这种产品能使我们给别人做推广的时候,特别有底气,也特别容易让我们的顾客把注意力集中到这个焦点上。

哪怕是500强企业,像宝洁公司,他们在推广洗发水的时候,都会想办法用差异化的优势进行推广。比如,海飞丝突出

去屑的优势，飘柔突出柔顺的优势，潘婷突出滋养的优势，沙宣突出时尚的优势。如果一个产品表现出自己什么功能都有，是一个万能药，什么问题都能解决，就容易给别人假货的感觉，也不容易建立信赖，容易让别人思维涣散，很难把注意力集中到产品的某一个点上。

所以我们要想办法提炼独特的卖点。当然也不要光停留在卖点的提炼上，我们还要想办法把提炼出来的独特卖点，过渡到买点上。比如让客户听了之后有感知：因为去屑，所以对我有用吧？还要升级买点，将其升级到顾客不得不买、听完了之后就有冲动去买的程度。

第二，信任背书。

选产品的时候，我们要看一看平台、商家、合作机构，有没有针对这个产品专业的、权威的认证报告，或者是一些名人的代言，或者是官方媒体的报道，或者是与某些官方、知名企业合作过、开展过的联合推广活动，等等。这些都是信任背书的一部分。

除了这些官方权威性的背书之外，我们还要想办法去找到更多的数据，以佐证这个产品确实不一般。比如，我们通过它的官网，去查到更权威的数据。销量是否高，排名是否靠前，或者是通过某些相关专业的分析报告去分析，它在整个或是某方面市场上的占比额度达到多少。这些占比、排名、好评率、特别的销量，或者是某个关键时期的特殊成绩，或者是产品的发展历史，都是关键数据。这些数据都是可以增信的，让我们在进行市场推广的时候特别容易做推荐。

第三，质量保证。

我们在选品的时候，不能光为了眼前能够大卖或他们给的价格更便宜，而去选这个产品。不能用这样一种维度去选品，我们要带着长远的眼光去想。我们今天选的产品要实现这样的目标：通过这个选品可以提高顾客忠诚度和复购率。要站在这样一个维度去选品，生意才会越做越轻松，越做越大，越做越强。

我们要想办法去买来试用装，或者是原价产品，先买来自己试用一下。提前考察，看看它到底好在哪儿，有没有一些关键性的不足之处。曾经有一个销售员，他是一个男士。他为了卖卫生巾，直接买来卫生巾自用，自己去体会，到最后他就知道了这个卫生巾方方面面的特点。给别人讲起来也头头是道，特别有底气。所以我们要先试用，要考察这家公司的售后服务品质。如果质量过硬，售后服务又过硬的话，那就省去了很多后顾之忧，后期不会得罪顾客，甚至所有的顾客都会成为我们的长期消费者。

第四，厂家实力。

我们要跟某个厂商或某个机构合作的话，必须看它们到底能不能为品牌赋能，能不能为技术赋能，能不能为成交赋能，能不能为供应链资源赋能，多方面维度都能赋能的合作机构，我们才会跟它合作。因为我们跟它合作起来，只需要干自己最擅长的就可以了。比如说针对自己的朋友圈资源去推广，发挥自己销售能力的优势，或者发挥自己原有渠道的优势，我们只需要干自己最擅长的事情即可。至于其他事情，都有更专业的人、更专业的团队帮我们解决。

比如品牌赋能。要看他能不能给我们推荐那些大品牌背书的项目，或者是名人做过代言的项目。如果是这样，我们做起来就很有面子、很有身份。

当然除此之外，还有成交赋能。有没有专业的培训体系，让我们更会推广，也能更轻松地推广。

还要看他有没有供应链资源赋能。所谓供应链资源赋能，就是他能不能让我们在推销了这个产品、打开了销路之后，在我们拥有很多客户资源以后，继续上架他们的第二、第三、第四、第五代的产品。即迭代能力到底怎么样。

还要看他的配套产品服务到底怎么样，衍生品到底怎么样，他是不是一个完整的商业生态。这样的话，我们只需要通过一个产品打开入口，其他产品就会自动让这些消费者进行更多维度的消费。这样的话我们的收益就可以提高。

所以我们要看看他的资源实力，他的供应链是不是够全，而不是光有一个单品。

电话销售如何一开场就抓住注意力

电话销售时，如何一开场就抓住客户注意力呢？本节提供四步话术，当你掌握这四步话术，就可以快速拿下客户订单。

在说这四步话术之前，先讲两个负面案例，有两种开场不可取：

1. 一上来就报自己公司的名字。

"您好，我是××公司的……"如果公司不知名，不是特别好的知名企业，客户一般不见得听说过，那么建议还是别说。因为，客户根本不关心我们是什么公司的。

2. "某某产品"您需要吗？

如果一上来就是一种兜售推销的感觉，客户往往是反感的、抵触的，即使他有需要，也很难有耐心听下去。

因为一上来听到这话，他就觉得是在骗他钱，所以不会正面回应,都是回应不需要,然后就一下子挂电话了。甚至有些人连"不需要"三个字都懒得说,啪的一下直接就挂掉了。为什么?因为一上来就给了对方兜售推销的感觉。

以上两种开场不可取,那么我们到底该如何去做呢?应该按以下四步话术进行:刺激需求、强调利益、证明实力、描绘愿景(见图7-1)。

电话接通后,第一步是想办法让客户认识到他有哪方面问题和需求,同时要想办法强调我们能给他带来什么样的好处和利益,接下来再拿出自己的事实见证,证明我们有这方面的实力,最后问他想不想给自己一个机会,让自己变得更好,描绘一下愿景。

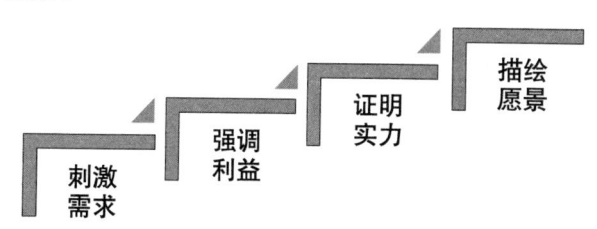

图7-1 电话销售开场的四步话术

接下来,我用三招来拆解一下这四步话术。

第一招:痛点刺激法。

我们可以一上来就刺激到客户需求最强烈的点,他最头疼、最焦虑的问题。

"王总,您好,我是您同事的朋友。我听您同事说,因公司的人才流失率问题，您最近挺焦虑的。确实，这事儿摊到谁身上都很让人头疼。"

这就叫刺激需求，接下来我们可以强调利益："我们公司刚好有一套人力资源管理的培训方案。能有效地降低公司的人才流失率，并且还可以为公司招募和留住更多的优质人才。"

再接下来，就是证明实力："这套培训方案的主讲老师，他曾经在世界500强企业当过人力总监，并且帮助过上百家公司解决了招募人才、留住人才、识别人才的问题，并且降低了他们的人才成本，提高了人才工作效率。"

这就叫证明实力，500强企业背景并且帮助过上百家企业，一定有真正的实力。

最后，就可以描绘愿景了："相信您也希望自己的公司能够越做越大，成为本市里这个领域的领头羊，如果是这样的话，那咱们约个时间具体聊聊，您看可以吗？"

这就叫描绘愿景，让客户觉得他也想成为本市里这个领域的领头羊。

我们通过这四步，能够上来就抓住客户的兴趣点，让他很难抗拒，至少愿意听我们说下去。

第二招：损失刺激法。

损失刺激法，就是刺激客户，让他认识到，如果不听取我们的建议，就会造成一定的损失。这样，他就开始对我们的建议感兴趣了。

"刘先生,您好,我是您某位朋友的朋友,我是专门做装修的,听说您最近也在装修房子,您最大的顾虑是不是怕花多了钱最后还装不好?尤其这水电管道的设计,你要找不对人,铺设完之后,后期的维修成本很大,甚至最后会把家里搞得一团糟。"

这就是刺激需求,接下来就可以强调利益了:"既然你有这么多顾虑,不妨先听听我们的意见和方案,毕竟大家都是朋友。我们在这方面是专业的,完全可以结合你的户型给你定制设计方案,设计最合理的水电管道,还可以结合你们的喜好,设计最合适的风格。"

强调利益之后是证明实力:"因为我们的设计师,都有十年以上从业经验,我们全省很多项目当初都是他们负责的。并且,你的朋友也是找我们设计的。如果我们设计不好,他也不可能把您的联系方式推荐给我。"

这是证明实力,最后我们要描绘愿景:"如果你也想把自己的房子设计得高端大气上档次,设计成自己真正想要的样子,并且未来更加省事的话,那不妨咱们约个时间先见面聊一聊。然后我们也过去实地考察一下,给您出点主意。总之,不会让您吃亏的。"

这是站在客户的利他的角度,跟客户说利益好处,并且让他认识到自己未来的愿景。

第三招:竞争对手刺激法。

我们开场就可以提到客户的竞争对手,说竞争对手已经开始用上了什么样的方案,并且取得了什么样的效果,以刺激客户,如果再不着急的话,有可能会远远落后于竞争对手。这样的话,会激起客户的兴趣。

"张总,您好,听说贵公司跟市里××公司,都是本地××品牌的经销商。前段时间,我们做了一个调研,发现贵公司确实非常有实力,不过像你们这种类型的经销商,目前也都遇到了一个难题,就是互联网如何获客。"

这是刺激需求,接下来强调利益:"我们刚好有这套系统和具体的使用方法论,我们公司刚好推出了一套软件,可以帮助你们借助某个互联网赛道轻松获客。现在大家都玩新媒体,我们可以借助这套工具,更快地把自己的品牌以及流量经营起来。"

这是强调利益,解决获客难的问题,接下来证明实力:"前段时间,您的那位同行,他们当时对我们进行了考察,在上个月已经采购了我们这套系统,这月就已经见效果了(效果到底怎么显著,可以跟客户说一些相应的数据)。"

证明实力之后,描绘愿景,我们可以再强调一下:"以您的实力以及您在本地的人脉资源和渠道,我相信如果用上我们这套系统之后,一定可以给您解决更多这方面的难题,甚至可以带来更大的流量。我相信您用上了之后,对你们未来订单的增长,一定还会有更显著的效果。"

到最后,我们都可以转换到"您感兴趣的话,你看看咱们什么时候约个时间,我相信这件事您一定是关心的,您看什么时候有空我过去亲自拜访您,给您带一些资料过去"。

无论做哪种电话销售,我们都要想办法把四步话术结合三种方法运用起来,无论是竞争对手刺激法、损失刺激法,还是痛点刺激法,都要想办法把它用得纯熟。

因为,在电话中,如果抓不住客户,很难实现最后的成功约见。最后,我们回顾一下这四步话术:刺激需求、强调利益、证明实力、描绘愿景。做好这四步,肯定能吸引住客户的注意力。

如何让顾客顺利地办会员卡

现在很多商家都开始利用会员卡管理系统实行会员制，会员制实行初期，会员开卡非常容易。但随着会员制的深入发展，越来越多的顾客都开始不愿意办理会员卡了，这是什么原因呢？顾客不愿意办理你家会员卡该怎么办呢？在这节我们针对原因对症下药。

我们先分析一下为什么有些顾客不办理会员卡。其实原因无非三类：第一类就是这家会员卡，给对方的障碍太大，让对方觉得留下信息太多；第二类是办理太麻烦；第三类就是这家会员卡太没有诱惑力了，利益给得还不够，不能激发对方占便宜的冲动。

这一节，我们就重点针对顾客有可能出现的心理障碍，分别对症下药。

第一种障碍：担心信息泄露会受到骚扰。

他怕留下个人信息之后，尤其是留下电话号码之后，以后会不会受到电话骚扰、短信骚扰。我们跟他聊天聊出来这一点，就可以有针对性地解决他的疑虑。可以这样跟他说：

"我们的初心是为了让顾客以后能够更方便、更便宜，或者是更特权化地在这里享受便捷的服务，我们完全没有任何的必要去骚扰顾客，这样的话也会影响到自家店里的生意，对吧？"

这是提一下初心。第二步提一下方法。

"您如果担心未来有电话或者短信通知骚扰的话，没关系，您直接在这里打钩，就是不接受短信通知或电话通知，您打完钩了之后，以后我们就不会给您发任何消息了，也不会给您打任何电话，但是您这张会员卡的特权仍然在您手上，您啥时候来店里消费，仍然是享受特权折扣的。"

这样的话，我们就保留了对方的主动使用权，同时也规避了对方被骚扰的隐患，让他的担心也烟消云散。

第二种障碍：办理或者使用可能会很麻烦。

针对他觉得办理很麻烦的这种情况，我们可以这样说：

"没关系，您提您的需求，这事我们两分钟就可以操作完了，一切手续由我们来办，您只需要给我留下您的姓名和联系方式就好了。"

我们不要让他填一大堆东西,只让他留下最简单的信息,剩下的事儿由我们来快速操作。

还有一种情况,就是他会觉得使用起来会不会很麻烦,我们直接告诉他:

"没关系,今天我给您存到我们的系统里了,以后您过来消费的时候,只需要报自己的电话号码或者姓名,我们就能搜索到,就能够给您我们当期的会员折扣价。这是不是就很省事儿呢?"

第三种障碍:有些顾客会觉得没必要办,反正也来不了几次,而且也觉得有点浪费钱。

如果是一个付费制的会员卡,我们就要给对方塑造出未来他能够省很多的感觉。但是现在大部分会员卡基本上都是免费的,免费的就不涉及浪费钱了,只是给对方解释一下必要性就可以了。我们怎么样让他觉得有必要呢?我们要去塑造,有了这张会员卡能享受什么样的额外好处。

举例说明,我们可以说:"您今天办了我们药店的会员卡之后,每逢每月的8日、18日、28日,您都可以参与我们的会员特惠日。同时每到年底,我们都会送您一个抽奖机会或礼物,我们每个月还会送您一次免费检测血压的这样一个服务,等等。"

这就叫塑造额外价值。当然了,我们也可以去塑造对他周围人的价值。他自己可能来不了几次,觉得没必要,但是他的亲戚、家人、朋友也有可能来。我们可以跟他说：

"您办完这张会员卡之后，就算以后可能来的次数少，但是您的家人或者亲戚朋友，只要报您的姓名或会员编号，或者报您的手机号，他们都可以享受相应的折扣，相当于您这张VIP会员卡，其实是一种身份特权的象征。"

这样给他一种特别有面子的感觉，他就找到了办理会员卡的必要性了。

想引导更多人顺利地办会员卡，不能犯以下五种忌讳：

第一种忌讳：注册流程麻烦。

我们要知道顾客的时间很紧张，而且顾客很敏感，如果让他在我们的前台戳戳点点，一直走很多流程，让对方在我们的单子上填这个填那个，对方有可能就烦了。一是耽误对方的时间，对方还有可能有事要赶紧走；二是刺激了对方的敏感度，对方会觉得，留下这么多信息会不会不安全。

所以我们要给对方一种"只要你愿意留个手机号，或者是你愿意交点儿钱，然后我就可以送一张非常有价值的会员卡，剩下的事你都不用管"的感觉。

第二种忌讳：会员福利太少，不够诱惑。

比如，有些店里推出了办会员以后就可以在某天享受会员价的优惠。会员价才多少，如果是八八折，那有什么诱惑呢？那和有些门店动不动就搞七五折、五折没有什么区别。所以只有一个统一的会员价是不够诱惑人的。我们要多增加一些诱惑项，比如积分兑奖、积分返现、积分抽奖等。顾客每次过来消费都会累计积分，到一定程度了之后可以抽奖，或者可以返现，可以折换礼物，等等。

也可以增加一些增值服务、一些特权体验。举个例子：办会员卡以后，我们可以开放几次免费包厢，或者是每次都可以赠送果盘，等等。这些都是诱惑点。我们要多增加一些诱惑点，对方才愿意给我们留信息。

针对某些特色的东西，我们的力度还可以更大一些。我家附近有一家火锅店，他们的会员福利就特别诱人。比如说一条很大的鱼，正价是 68 元或者是 98 元，只要办理了会员卡，就是 9 元。这力度多大呀。每回请客吃饭的时候点这么一条鱼一放那儿，就很大气，看着就有食欲。

第三种忌讳：会员福利用不上。

有些商家为了拉会员，就送福利，送一个钥匙扣、一个小玩偶、一个小护腕，这种烂大街的两元店产品，顾客都知道，糊弄不了他们的。所以我们这种礼物送了还不如不送，这种送法反而让顾客觉得我们很没有诚意。顾客知道其实我们就是为了要更多人的信息，只是人家看破不说破而已。

第四种忌讳：会员卡使用起来很麻烦。

比如说有些商家搞了会员福利，有兑奖日，但是兑奖日子就那么几天,并且还必须到店兑奖。我们想想,现在人们的时间都很宝贵,人家开车光路上的油费就比我们买这个奖品的钱多得多了。所以我们得开放一些线上通道,不要仅局限在那几天。有些人搞会员日也是一样,一个月就开放两天会员日,顾客申请一个礼物,还要想办法经过店长审批。这么麻烦的手续,人家就嫌烦,就不要了,最后也觉得要这会员也没啥价值,甚至在外边传播我们的负面信息。所以我们不要把会员卡使用程序做得很麻烦,我们要让对方享受起来很便捷。

第五种忌讳:为了设置相应的福利,忽略了自己本该做好的东西。

不能让我们的产品、我们的服务质量下降。如果质量没有了保障,我们今天要更多会员,就相当于要更多会员在外边给我们传负面信息。所以,如果我们是做餐厅的,就把自己的菜品给做好了,做娱乐设施的,就把自己的设备各方面做好,千万不要把自己主要该做的忽略了。不要单纯为了要顾客的信息,设置很多无用的福利性衍生品,那些没有价值,顾客早晚也会明白的。人家来我们这儿就是为了吃饭的,人家不是为了占我们一杯可乐的便宜,占我们一杯酸梅汁的便宜。所以如果我们把主次搞反了,一定会失去顾客的。

售后才是销售的开始

顾客说"你们的产品没用",如何应对才能挽回成交

遇到对我们的产品或服务方式有成见的顾客,他就是不认同我们,该如何挽回成交呢?在这一节,我将给出四步解决建议。

我们先来看一个例子:

我们经常会遇到顾客的某些顽固型抗拒。比如我们是一个卖线上课程的。我们推荐给家长,让家长给孩子报一个线上课程,假期给孩子补课。但是家长的传统思维就是,补课得去补习班,补习班效果就是比线上课程好,哪怕多花点钱都值。可是我们的效果确实比线下补习班好,甚至性价比又确实很高。那我们该怎样说服他呢?我们不能直接说我们的成本更低,我们的效果更好,我们有多少见证。说这些没有用。因为我们没

有扭转他的顽固意识,这样跟对方讲就成了对立面了,相当于对着干。

那该怎么办?可以遵循以下四步建议。

第一步:要先询问顾客为什么觉得另外一种方案比我们的方案更好。

先问顾客为什么一定要选择另外一种方案。比如说我们是卖线上课程的,就可以问他:"你为什么一定要让孩子去报补习班呢?"

他可能就会说:"这孩子太小,我平常让他在电脑前面学习,那是不可能的事儿,因为他有多动症啊,注意力一会儿就涣散了,他怎么学呀,就得有老师盯着他,那样的话我才放心,多花点钱都值。"

通过回答我们这样一个开放式问题,他把自己深层的真实需求展现了出来:孩子不好管,想放到补习班让老师盯着管着,这样才能管出效果。这是他的顽固意识。我们既然了解了他的真实需求,就可以进行下面的第二步。

第二步:要先表示理解。

我们要先拿出自己的同理心:"哎呀,我确实能理解您的心情,我姐姐家的孩子跟您家的孩子差不多大,也跟多动症似的,根本就坐不住。尤其是让他在电脑前边写道题的话,确实老费劲了,总容易被其他因素干扰。现阶段的孩子是注意力不容易集中的时期,确实该管管。"

我们先理解对方,就和顾客站到了同一战线上,就能愉快地沟通了。否则我们不理解对方,直接就拿出自己的一套理论,那怎么能愉快沟通?

第三步:要想办法转换逻辑。

我们要把对方的底层逻辑转换一下。怎么转换?我们可以顺着刚才的话题:

"其实孩子现在处在一个注意力不集中的时期,不管我们是送补习班也好,或者采取其他方案也好,关键是要解决他注意力不集中的问题,这样学习自然就有效果。而且咱不管是报什么样的方案,其实都是为了孩子的成绩能有所提升,您说对吗?"

"那是啊。"

孩子处在注意力不集中的一个时期,我们任何的方案,任何的产品,必须解决注意力不集中的问题。所以我们最后就把逻辑转换成如何解决注意力不集中这个问题:

"其实只要有一个方案能解决孩子注意力不集中的问题,并且能有效提高他的成绩,说实话,咱们父母甭管是多少钱都愿意投入,您说对吗?"

他肯定说:"那是啊。"

这样就转换过来了。

第四步：论证。

需要论证我们在解决孩子注意力不集中上的成效，以及我们在解决孩子成绩提升这方面的成效。还需要论证我们到底做了哪些研究、取得了哪些成果，我们做了哪些数据的分析，以及我们的科学理论依据是什么，等等。

我们只需要在这几点上论证清楚，让对方看到我们确实在这几个方面是靠谱的，那对方就无法拒绝我们了。所以我们可以跟他说：

"其实我们做这套线上系统，开发这套线上软件的时候，我们的研发团队早就意识到这个问题了。因为毕竟面对的是这个年龄段的小孩子，他注意力不集中是客观的问题。所以当时我们的团队为了解决这个问题，花了整整半年的时间，研究出一整套的系统，包含一整套的动画教学辅助方案。后来我们经过测试，通过我们动画教学这套辅助方案，孩子走神儿的次数会很少，一节课走神儿次数最多只有三次。您想想，孩子就算放到补习班，他注意力再集中，也可能受旁边学生的干扰，对不对？可是有了我们这套系统之后，他的走神儿率，甚至远远低于他在课堂上被老师盯住的走神儿率。我们专门针对注意力不集中问题做了大量的教学研发，而且遵循了科学原理，又做了许多实验调研。"

说完解决注意力不集中的问题了，接下来要说我们的成效问题：

"关于我们学习成绩提升的成效问题，我们在首推测试期的时候给一些孩子用我们那套学习软件,孩子们经过半个月的暑假学习,成绩都提高了 30 分以上。"

说完之后,我们再拿出一些证据。比如,给顾客看一些孩子之前的成绩,以及用我们这套软件之后提高了的成绩。还有家长给我们写的感谢信,孩子在学校接受表扬的相关照片,等等。我们拿出这些证据,证明我们确实能帮助孩子提升成绩,并且这种概率还很大。那对方就更容易相信我们了。

所以我们把对方的底层问题解决了,我们这样说完之后,这基本上是一个相对比较完美的方案,他基本挑不出毛病来,无法再反驳我们,到最后就只剩下成交了。

顾客说"我要退货",如何解决退货纠纷

遇到客户说"我要退货",我们怎么回应才能解决这些纠纷呢?本节提供三招。在介绍这三招之前,我们首先要了解一下应对这种情况的错误方式。

有些没有经过专业训练的销售,一遇到这种情况就显得特别烦躁,一下子就带出情绪来,他们往往说:"这没办法,当初你不挺喜欢的吗?当初是你自己选的,不是质量问题我们不能退货。"

我们如果是这种回应方式的话,有可能会带来更大的争吵和纠纷。为什么?因为我们伤害了客户的感受。

那么,我们该怎样处理呢?最好的方式是先通过售后服务来解决,其次是换货,再次是退货,最次是争吵。

下面介绍三种合理的处理方式,即解决退货纠纷的三招。

第一招：认同引导法。

我们要先认同和理解对方，再引导对方接受换货，或者给对方看一看能不能维修，这样就会比较好处理。

我们可以这样跟对方说："姐，是，这事儿摊到谁身上都可能会比较难受，因为你才买没多久就发现穿着不合适，这要放我身上我也会觉得烦。"

我们先表示一下认同理解，接着解释一个原因，转移一下话题："我们都知道新鞋有个磨合期，刚开始可能不是每个人都那么合脚。"

最后再引导出结果："不过你都已经过来了，大夏天的，这么老远，跑这么一趟也不容易，你还是我们老顾客，也别着急，既然来了，我无论如何都要想办法让我们专业的售后给您看看，实在不行帮您免费维修一下，一定处理到您满意为止，您放心吧。您先歇会儿。"

通过这三步，我们可以让对方不好的心情得到缓解。

第二招：借助第三方。

我们个人即使没有足够大的权力帮对方直接解决问题，也要表现出一份我们想帮对方解决，愿帮对方申请解决的态度。只要对方能够看到我们这份态度，能够感受到我们对他在意，对方不好的心情就会得以缓解。

所以，我们可以表现出，既然你都已经来了，我无论如何也得想办法帮你申请一下，我给领导打声招呼，看领导能不能特批。这样给对方留下一种愿意帮助他解决问题的态度，对方还怎样去强烈地要求什么呢？

比如可以这样说："姐，我确实特别能理解你此刻的感受，不过你想想购买日期到现在都已经这么久了，早已经过了退货期，在任何一家店里都不可能允许退货。不过你今天既然都来了，过来一趟也挺不容易的，我无论如何都会想办法帮您申请一下。我给我们领导打声招呼，看看我们领导那边能不能允许给您调换一双，因为我看到您保护得也挺好的，也没什么磨损。您就放心吧，我能帮你多少一定想办法帮你多少。"

跟她说完这番话，已经暖了对方的心窝了。我们再出去等两三分钟之后回来，告诉她一个好消息，老板特批了。请她去看看新款，看哪一款更合适。

第三招：主动担责任。

我们不要把问题都往客户身上推，自己也要拿出一份主动承担责任的态度，只有让顾客感受到我们的歉意，以及负责到底的态度，顾客才愿意跟我们心平气和地沟通，才不会那么暴烈。

我们可以这样跟她说："姐，这么大热的天让您还跑一趟，挺不好意思的。虽然这款产品已经过了退货期，但它确实不适合你，所以这事也有我们的一份责任。毕竟您也是我们的老客户，我们当初也没有把这个政策好好给你讲清楚，所以我们也承担这份责任。今天无论如何我会想办法给你挑一款您更喜欢的,刚好我们这段时间进了一些新款,您过来看看。"

我们给顾客这样一种愿意解决并且很温情的态度,对方就不会产生暴躁情绪。

以上是应对退货的三招,当然,我们最好还是要预防退货这种现象的发生。怎么预防呢?给大家提两点建议。

第一点是我们要学会每天临走之前做检查。要学会在销售任何产品的时候提前做好检查,提前发现那些有可能会带来纠纷的残次品,这样的话,就可以减少后期的纠纷和麻烦。

第二点是主动预警。有些时候退货是因为我们没有把正确的使用方法,比如如何保养,比如是机洗、手洗还是干洗等相关的养护措施对客户说清楚,才造成了最后的麻烦和纠纷。我们把这些都给顾客讲清楚以后,相信退货现象会越来越少。

遇到客户投诉,如何让"黑粉"轻松变"铁粉"

实体店最怕的一件事,应该就是顾客投诉。辛辛苦苦完成一单生意,结果却因为商品或者店员的服务,导致顾客投诉,这不仅损害店铺长久经营的良好形象,还可能因此失去一个回头客。那遇到顾客投诉该怎么办呢?我为大家提供四招,让"黑粉"变"铁粉"。

在介绍这四招之前,先讲一些错误的处理方式。有些没有经过专业训练的销售员,经常会有这样的错误应对方式。

第一种是推卸责任的应对方式:"这跟我有什么关系,你冲我吼什么吼!"这就相当于直接跟客户干仗了,对方的情绪一定会更坏。

第二种是满不在乎。人家过来要退款,或者是要吵架,我们销售员说:"我给你退了不就完了吗?就那么点小事,闹什么闹啊,至于吗?"这种瞧不起人的姿态,会让对方更无所顾忌地在外边传播我们的负面舆论。那我们到底该如何正确应对呢?要坚持做好下面四步。

第一步:先认真倾听客户的投诉。

其实客户即使投诉了,很多时候也只是一种情绪的宣泄,他在意的是我们是否能够认真地倾听,是否能够给予足够的尊重,是否真正有在意的态度。只要我们能够表现出这些态度,他也不会再盛气凌人,非得怎么样。因为他能够找到那种被满足、被尊重的感觉,他内心的不满情绪就会自动消化。所以我们要改变自己的观念,不要认为客户投诉是一件坏事,躲是躲不过的,我们每一次都要勇于面对。这不仅是解决问题该有的态度,更重要的是每一次我们遇到这种情况时,都要把它当成发现自身问题不断优化改进的机会。所以我们该表示歉意就表示歉意,该认真倾听就认真倾听。不仅要认真倾听,还要拿出笔和笔记本,记下对方到底有哪些抱怨,甚至梳理出他抱怨的内容以及背后的原因是什么。这样不仅有利于自己改正问题,让以后再也不会出现这种情况,同时也有利于从根儿上化解对方对我们的不满。

第二步:表示理解并深挖诉求。

我们倾听了对方的倾诉,了解了对方的抱怨,还要了解一下对方想怎么解决。想了解对方想怎么解决，就要先表示一下对对方情绪的认同，表示一下理解。只有对方情绪发泄完了，他才会进入要解决的阶段。我们刚才在听他抱怨的过程中，通过一些有启发性的问话，比如"为什么当初会是这样一种情况呢"，让他梳理自己抱怨的思路。其实在他梳理这些思路的过程中，他会发现问题不完全是商家的，也有自己的问题，所以他内心也会有理亏的一面。当然即使你发现他有理亏的一面，也不能直接指出他的责任。他内心已经认识到问题了，接下来再给你提解决方案的时候，他也会考虑自己提出的方案是不是站得住脚，是不是会显得太过分。所以接下来我们可以问问他：

"您今天这件事我们也听明白了，这事刚才咱们也分析了，有我们的问题，也有咱们当初沟通时，没有太沟通明白的问题，那么您现在想怎么解决呢？"

听听对方想怎么解决。如果对方提的解决方案，比如说赔偿方案，或者换货方案，或者其他方案，相对比较合理，并且我们也能接受，那就积极面对、积极解决，给对方留下一个好印象。但是如果对方提的方案不合理，或者是不明确的，对方也不知道该怎么解决，那么我们直接给对方几个相应的补偿方案，让对方去选择。我们在提出这几个补偿方案的时候，也要注意不要没有人情味儿。可以先跟对方诉诉苦：

"原则上来说，您今天的心情我们也能理解，您即使有什么样的需求也正常，换作是我，我可能也会这样想。不过我们做商家做这么多年了,我们面对所有的客户,一直也都是这样的政策,我们其实也很难办啊。"

先诉一番苦,最后再说:"既然今天您都已经来了,向我们提出了这样的问题,那我们给您提供三个解决方案,这也是咨询过我们经理,我们特别申请的三个方案,您看您更倾向哪个?"

我们因为对方的这样一件小事儿,还专门去请教一下自己的公司,走了一个特殊的通道,这样就给了对方足够的尊重。

这就是根据对方的诉求提出相应的解决方案。

第三步:额外赠送小礼物。

虽然我们刚才提出了相应的补偿方案,但这种解决方法只是针对客户提出的诉求,或者客户描述的抱怨。我们解决之后,对方虽然不写差评了,但是对方能不能被我们打动,甚至给我们传播更好的口碑,还不一定。所以我们要额外赠送小礼物。这一招就是让对方有额外的好感、意外的惊喜,这样的话对方就会被我们打动,有可能还会给我们传播正面的口碑。所以遇到有抱怨的客户,我们不要紧张,处理好了,"黑粉"也会变成"铁粉",成为我们未来忠实的拥护者。

第四步:电话跟进关怀。

我们要在后期再通过电话跟进回访一下,了解他当时对这个问题的解决结果满不满意,还有没有其他的诉求,并且表示一下对当时投诉的感谢。感谢他让公司发现了哪些可改进的问题，现在公司正在某方面专门立项，来彻底解决消费者这方面的问题，特别感谢他为更多的消费者反映情况，为公司的优化改进做出了这些贡献。表示一下歉意，表示一下感谢，同时也表示一下公司曾经的不足，以及给对方带来的困扰。这样的话就会给对方留下这个商家特别务实、特别在意、特别有人情味的印象。

图书在版编目（CIP）数据

可复制的成交术 / 卢战卡著. —北京：中国友谊出版公司，2021.1
ISBN 978-7-5057-5011-1

Ⅰ.①可… Ⅱ.①卢… Ⅲ.①销售－方法 Ⅳ.①F713.3

中国版本图书馆CIP数据核字（2020）第270963号

书名	可复制的成交术
作者	卢战卡 著
出版	中国友谊出版公司
发行	中国友谊出版公司
经销	新华书店
印刷	三河市冀华印务有限公司
规格	880×1230毫米 32开 9印张 179千字
版次	2021年1月第1版
印次	2021年1月第1次印刷
书号	ISBN 978-7-5057-5011-1
定价	48.00元
地址	北京市朝阳区西坝河南里17号楼
邮编	100028
电话	（010）64678009

如发现图书质量问题，可联系调换。质量投诉电话：010-82069336